イギリス現代史

長谷川貴彦
Takahiko Hasegawa

岩波新書
1677

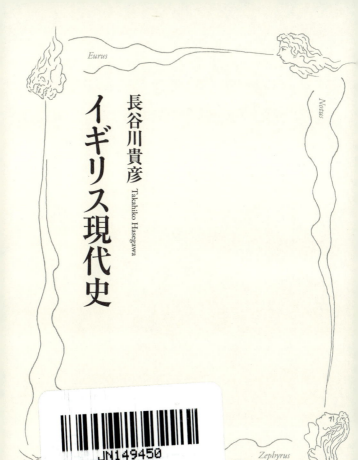

目　次

0
200 km
シェトランド諸島
オークニー諸島
ヘブリディーズ諸島
大西洋
北海
スコットランド
アバディーン
エディンバラ
北アイルランド
ロンドンデリー
グラスゴー
ニューカースル
ヨーク
リーズ
ハル
マン島
ベルファスト
マンチェスター
リヴァプール
アイルランド共和国
ダブリン
アイリッシュ海
ウェールズ
イングランド
ノッティンガム
グランサム
ケンブリッジ
オクスフォード
ドーヴァー
ダンケルク
バーミンガム
ロンドン
ブライトン
ブリストル
オールダーマストン
イーストボーン
ワイト島
ポーツマス
英仏海峡

序章　現代史への視座

現代史とは何か

二〇一六年六月、ＥＵ離脱をめぐるイギリスの国民投票。結果は衝撃的だった。この世界を震撼させたと言われる事件は、それがもつ歴史的意味合いについては、ジャーナリスティックな取り扱いはあるものの、全容は明らかにされてはいない。本書は、その解明を企図しながら、第二次世界大戦からＥＵ離脱にいたるまでの戦後イギリスの歴史を概説的に論じるものである。こうした直近の歴史を対象とすることは、歴史研究では「現代史」ないしは「同時代史」と言われている。イギリスの歴史家によれば、こうした同時代史に関わる特有の問題として、次のような点が指摘されている。

歴史についての最初のドラフトの執筆が、歴史家の仕事であることは滅多にない。現代イギリス史の概念的な枠組みは、まず政治家、メディアの評論家、エコノミスト、社会科学者、社会政策の専門家の仕事となる。実際、私たち歴史家は彼らからさまざまな概念を借りてきている。たとえば、イギリスの「相対的な衰退」、「ヨーロッパ」へのイギリスの参入機会の喪失、戦後コンセンサス、サッチャリズム、消費社会、無階級社会、人種差別、ジェンダー、福祉国家の退潮、寛容なる社会、南北の分断などである。現代イギリスを歴史化する最初の挑戦とは、そうした概念の有効性そのものを検証することにある。

(*A Companion to Contemporary Britain 1939–2000*, p. 2)

最初のドラフトが歴史家のものでないとしても、さらに第二稿や第三稿も歴史家の手によるとは限らないだろう。歴史家とほかの専門家とのあいだには、現代史の叙述をめぐって常に競合的な関係が存在している。しかし、競合しているとはいえ、そこにはいくつか共通のアジェンダ(論点)も存在している。

第一に、分析は比較史的なものでなければならないということ。戦後のイギリスが直面していた難問とは、実はイギリスに固有のものではなく、問題への対応の固有性は国際的な観点から評価されねばならないのである。

第二に、分析は学際的アプローチでなければならないということ。歴史家には、政治やビジネスや社会の具体的争点と、目に見えない構造的力学――経済、人口動態、環境――とを結びつけることが求められる。フランス歴史学のアナール派の泰斗フェルナン・ブローデル流に言えば、短期的な事件史レベルでの分析だけではなく、中長期的な構造的視点を含んだ「全体史」が必要とされるのである。

本書では、とくに前半は、一〇年ごとのスナップショットを描くという時系列的なアプローチをとっている。こうした単純化は、通俗的な歴史でもアカデミックな歴史でも用いられる方法であるが、一〇年という歴史を単一の色彩で染め上げてしまう危険性がある。

したがって、本書では多元的な視座を設定して、その一〇年をコントラストを含んだ歴史過程として描くよう留意した。総力戦と福祉国家の誕生の一九四〇年代、豊かな社会と帝国の終焉の一九五〇年代、文化革命と産業衰退の一九六〇年代、そして戦後の分岐点を迎える一九七〇年代である。一九七〇年代は、同時代の言説の影響を受けて「危機」や「混沌」といった汚名を着せられてきた時代であった。だが現在では、多くの歴史家が危機と同時に「可能性」の時代であったことを強調するようになり、その再検討が進んでいる。

後半は、「サッチャリズム」と「第三の道」、そして「岐路に立つ」現在という時代区分を用いた。それは、前半と同じく同時代史であるとはいえ、あまりに直近の時代であり、歴史研究の成果もまだ十分に生み出せていない領域だからである。イギリスにおける現代史の資料の公開には、長らく三〇年原則というものがあった。二〇一三年の法改正によって公開のルールは、二〇年へと短縮されたが、研究史の検討ならびに公開された歴史資料の綿密な分析を経た議論が展開されていないという意味では、まだまだ「歴史化」が進んでいない時代なのである。したがって、本書の叙述も、「最初のドラフト」的な手法から抜けきらないものとならざるをえなかった。

また、こうした時系列的な歴史叙述につきまとう難点として、繰り返し浮上してくる問題が見えにくくなってしまうということがあげられる。そこで、具体的な叙述を始める前に、以下では戦後のイギリス史を俯瞰的に捉える長期的な視座をいくつか設定してみようと思う。

イギリスは衰退したのか

二〇世紀のイギリス史を語るうえで避けて通れないのが、「衰退」をめぐる問題である。この「衰退」をめぐる議論で出発点となるのは、「絶対的衰退」を論じているのか、「相対的衰退」を論じているのかという点にある。「絶対的衰退」とは、過去の経済的到達水準を下回ることであり、「相対的衰退」とは、ほかとの比較を通じて達成水準が低いことを意味する。経済史家のジム・トムリンスンは、二〇世紀イギリス経済には、「絶対的衰退」の徴候は見られず、戦後の経済は「黄金時代」を経験していたのであり、西ドイツや日本など第二次世界大戦で敗戦を経験し、荒廃した状態から急激にキャッチアップした国との比較においてのみ、相対的衰退が見られると主張した。

表1　イギリス経済の相対比較．国民総生産年平均成長率（1957–1973年）

（%）

	イギリス	合衆国	西ドイツ	日　本
GDP 国内総生産	3.0	3.7	5.9	9.4
1人あたり	2.9	2.1	4.7	7.8
時間あたり	3.1	2.4	5.7	7.4

出典）Peter Howlett, "The 'Golden Age', 1955–1973", in Paul Johnson (ed.), *20th Century Britain: Economic, Social and Cultural Change* (Longman, 1994), p. 324.

たしかに、ヨーロッパ諸国や日本と比較すれば、成長率の低位は否定しがたいものがある。しかし、それはイギリスに比べて低水準から出発した国との比較であり、成長率の比較はイギリスが相対的に不利なものとなっている。実際のところは、二〇世紀末になってもイギリスは世界で最も豊かな国のひとつであり続けている。イギリスの相対的な地位は転落したが、寿命や教育など生活水準の面では、依然として全体的に好ましい状態にある。あらゆる事実に照らしても、かつて叫ばれたイギリスが衰退して第三世界になるというような考え方は誤謬であった。それは、衰退論の広がりや影響力を示す証拠でありえても、事実とは異なっている。

それではなぜ、「衰退」が繰り返し論争の主題となってきたのであろうか。トムリンスンによれば、衰退論は、二大政党制のもとでの競争的な選挙制度のなかで、政敵を攻撃する手段として誇張をともなって用いられてきたのであり、政治的コンテクストに適合した道徳的言説として見なさなければならないという。

戦後イギリスにおいては、衰退論は一九五〇年代から一九九〇年代まで、論争の主要な争点となってきた。その論争にはいくつかの系譜があり、時代ごとに変化してきている。

一九五〇年代に登場した衰退論には、二つの型《タイプ》がある。ひとつは、衰退の原因を労働組合に求めるものであり、労働者の態度や勤勉性を成長率に結びつけることで、産業の衰退を説明しようとしたのである。もうひとつは、衰退の原因をイギリスと海外との関係に求めるものである。国際投資や金融サーヴィス業と関わりをもつ支配層に、ポンドの価値に対する異常な関心を生み出し、結果として国内投資の水準を引き下げて低成長を招いたとするものであった。

一九七〇年代に目立つようになったのは、公共部門の拡大に原因があるとする説であり、そこには、国有化というかたちでの公共部門の拡大を問題視する見解と、公共支出、とりわけ社会保障支出の増加というかたちでの公共部門の拡大を問題化する見解の双方が含まれた。

一九八〇年代に登場したのは、イギリスには「反産業的文化」が染みついているという文化論的解釈である。それは、一七世紀イングランド革命の不徹底性を強調して「未完のブルジョワ革命」が貴族的価値を温存させたとする解釈から、古典教育を重視するパブリック・スクールの教育などを通じて上流階級エリートに実学軽視の傾向が浸透していったとする説まで、幅広い。代表的な著作コレリ・バーネット『戦争の監査』（一九八六年）は、衰退論を煽《あお》るという目的のもと、サッチャー主義者によって取り上げられることになった。「歴史家によるサッチャリズム」と見なされるものである。

これらの諸要因を厳密に検討してみると、原因と結果とのあいだには有意の関連性を見出すことは難しいという。トムリンスンは、「衰退」からの反転攻勢を掲げて登場したサッチャリズムも、「脱工業化（産業空洞化）」というかたちで最も深甚な産業の衰退を招いたことを、実証的に明らかにしている。こうした「衰退」論は、ブレア労働党政権下の一〇〇年ぶりの好景気のなかで消滅したかのようであった。事実、デヴィッド・エジャトンのように、衰退論を「反歴史的」として批判して戦後史を読み替えようとする解釈も登場している。だが、近年EU離脱が議題に上るなかで、衰退への懸念が再び登場しつつある。

コンセンサスの変遷

戦後イギリスの政治史を「コンセンサス」という点から捉えようとする試みは、ポール・アディスン『一九四五年への道』(一九七五年)を嚆矢《こうし》としている。その後に歴史研究の対象として「コンセンサス政治」が注目されるようになるが、ここで言うコンセンサスとは、統治のスタイルと政策的連続性の面において、保守党と労働党という二大政党のもとで共通の理解が見られたということである。

すなわち、政策の面では、第一に、私企業による自由市場と国有化による公共企業体からなる混合経済、第二に、完全雇用政策、第三に、労働組合を統治のパートナーとして組み入れていくこと、第四に、福祉国家政策、第五に、外交政策の面における帝国からの撤退などである。これらの政策の枠組みは、労働党のアトリー政権(第一章参照)によってつくられたものであるが、その後、保守党への政権交代があっても継続されることになった。それは、ケインズ主義をもとにした社会民主主義的な政策運営であり、保守党バトラーと労働党ゲイツケルの名を取って「バッケリズム」と呼ばれた(第二章参照)。

しかし、こうした戦後政治のコンセンサスは、一九七〇年代になると動揺をきたすようになる。「衰退」が認識されるようになって、保守党と労働党内部で既存エスタブリッシュメントとは異質の政治的分子が進出するようになり、戦後の社会民主主義的政策に疑義が提出されるようになったのである。

保守党の内部では、イギリス経済の衰退の原因をケインズ主義的な経済管理に見出して、労働組合の交渉力を抑制して自由市場経済を導入する路線を追求していくニューライトが、また労働党の内部では、労働者による経営の民主的統制など社会主義路線の徹底強化をすることで、衰退経済に反転攻勢をかけようとする左派（ニューレフト）が進出していた。これらの異端分子によって戦後コンセンサスは挟撃され、このイデオロギー的分極化を背景として、一九七〇年代は党内外におけるヘゲモニーをめぐる争奪戦が繰り広げられていった。その標的としての戦後体制の「コンセンサス」という言語が発明されたのも、こうしたコンテクストであった。

一九七九年の総選挙では、サッチャーが率いる保守党が勝利した。サッチャリズムは、「信念の政治」を掲げて対決型の政治スタイルを追求し、統治様式としての戦後のコンセンサス政治に取って代わろうとした。経済政策としては、公営企業を民営化することによって公共セクターを縮小し、労働組合の力を削減することで完全雇用を破壊し、普遍主義的原理による社会保障体制を攻撃して福祉国家に楔《くさび》を打ち込もうとしたのである。

この新自由主義的政策は、製造業から金融サーヴィス部門へ経済の重心を移動させ、失業や社会不安などをともないながら、イギリスの社会構造を変化させていった。この金融サーヴィス中心の経済は、一九九〇年代になるとリーマンショック（二〇〇八年）にいたるまで経済の成長軌道を作り出し、新自由主義を政策的コンセンサスとしていったのである。

一九九七年に労働党は、「第三の道」を掲げるブレアのもと政権に返り咲いた。ブレアのいう「第三の道」とは、サッチャー流の新自由主義とも、伝統的な社会民主主義とも異なる中間路線をとるという意味合いであった。「社会投資型国家」としてサッチャリズムとの断絶を強調することもあるが、自由市場経済を是認し、完全雇用や労働組合との関係という面では福祉国家への回帰を唱えているわけではないので、サッチャーの政策を継承しているようにもみえる。その点で、新自由主義的コンセンサスのもとで政策を遂行しているといえる。

本書では、戦後史を社会民主主義的コンセンサスとサッチャリズム以降の新自由主義的コンセンサスとのふたつの時期に分け、後者のコンセンサスのもとでの政治経済体制が動揺をきたしているという現状認識に基づいて、歴史的検討を加えていきたい。

空間認識としての「四つの輪《サークル》」

一九四八年にウィンストン・チャーチルは、イギリス外交の基本路線として、「三つの輪」なる議論を提唱した。

変転していく人間の運命のなかで、わが国の将来を展望してみると、自由諸国民と民主主義国家のなかでの三つの大きな輪(サークル)の存在を感じざるを得ないのです。最初のものは、英連邦(コモンウェルス)と帝国であり、次なる輪は、英語圏であり、イギリス、カナダ、英自治領、アメリカ合衆国が重要な役割を果たしている。最後のものは統合されたヨーロッパであります。これら三つの荘厳なる輪が共存し、結び合わされれば、それらに何かを加えたり、介入したりすることのできる諸勢力や同盟など存在しえないのであります。

そこでの第一の輪は「コモンウェルスと帝国」であり、第二は「英語圏の世界」、とりわけアメリカ合衆国、そして最後は「統合されたヨーロッパ」であった。チャーチルは、これらを「三つの連結した輪」として、イギリスは「その三つのそれぞれにおいて重きをなす唯一の国です。実際、私たちはまさにその接合点に位置しているのです」と述べていた。

「三つの輪」という理論は、イギリスが大国としての地位を維持するための戦略上の空間認識として、チャーチルによって提出された視座であった。「三つの輪」は外交政策として構想されたものであるが、歴史を捉える際にも有効な視座を与えてくれる。総力戦を闘い抜くも覇

表2　英連邦(コモンウェルス)の構成

構成国53カ国(括弧内は加盟年)
ヨーロッパ：イギリス(1931)，キプロス(1961)，マルタ(1964)
アジア：インド(1947)，パキスタン(1947)，スリランカ(1948)，マレーシア(1957)，シンガポール(1965)，バングラデシュ(1972)，ブルネイ(1984)
北・中央アメリカ：カナダ(1931)，トリニダード・トバコ(1932)，ジャマイカ(1962)など12カ国
南アメリカ：ガイアナ(1966)
アフリカ：南アフリカ共和国(1931加盟，1961脱退，1994再加盟)，ガーナ(1957)，ナイジェリア(1960加盟，1995資格停止，1999再承認)など18カ国
オセアニア：オーストラリア(1931)，ニュージーランド(1931)，トンガ(1970)，サモア(1970)など11カ国

権国から凋落して、アメリカにその地位を譲る。インド・パキスタンの独立、スエズ事件、ローデシア紛争で帝国の終焉を経験。ヨーロッパとの関係の模索。こうした戦後イギリスの国際関係の歴史は、「三つの輪」のなかでの適応と調整から構成されているといっても過言ではない。

こうした国際関係上のイギリスの地位や役割の変化は当然のごとく、国内関係にも大きな影響を与える。一九七三年に歴史家ジョン・ポーコックは、帝国・コモンウェルスの盟主としての立場を放棄するかのようにヨーロッパ統合を進めるイギリスの新たな歴史的状況に対応して、「ブリテン史」という視座を提出した。

ポーコックは、帝国の周縁たるニュージーランドの視点から、大西洋世界やアジア・アフリカへのイ

ギリスの帝国主義的発展の物語に組み込まれた母国史に代わる、新たな歴史像を追求しようとしたのである。それはまた、ブリテン島の歴史を、イングランド中心史観に代わり、「ケルト辺境」と呼ばれてきたスコットランド、ウェールズ、アイルランドなどの諸民族(国民)との関係性の歴史として再構成しようとするものでもあった。

こうしたポーコックの視座は、かつて歴史家ジョン・シーリーによって唱えられた「グレーター・ブリテン」の形成という帝国主義的な歴史観の逆転を意味している。一八八三年、シーリーは『イングランドの拡大』と題する著作において、ブリテン島のなかでイングランドの帝国主義的発展が「グレート・ブリテン(Great Britain)」を生み出したこと、次いで、交易、投資、入植、軍事力というかたちで世界中にブリテンの影響力が拡大して「グレーター・ブリテン(Greater Britain)」を形成したことについて考察を加えていた。ポーコックの視点は、帝国の崩壊によって、シーリーが描いたプロセスが逆に進みうる点を示すものだった。

戦後イギリスにおける脱植民地化の進展による帝国の解体は、ブリテン島の内部における地域ナショナリズムの勃興と表裏一体のものとして進行していった。一九六〇年代以降、スコットランド、ウェールズ、北アイルランドの各地では、地域政党の台頭や文化保護運動の展開というかたちで、連合王国の統治が揺らいでいくことになる。

政治学者アンドルー・ギャンブルは、チャーチルの「三つの輪」の議論を若干修正し、イギリスの過去と未来を「四つの輪」からなる空間認識のなかで捉え直すことを提唱している。帝国・コモンウェルス、大西洋を越えた英米関係、ヨーロッパ、そして連合王国内部という空間的視座が、イギリスの歴史や将来を考えるうえで必要とされているというのである。本書では、外交史や国際関係史の研究者には馴染みの深い「三つの輪」理論に若干の修正を加えて、ギャンブルの提唱する「四つの輪」という枠組みによって、戦後のイギリス史のナラティヴ(物語)のひとつを構成することにしたい。

変容するアイデンティティ

イギリスは階級社会であるということがよく言われる。貴族、中産階級、労働者階級などの諸階級によって社会が構成されているというのである。たしかに、アイデンティティとしての階級は、経済的意味のみならず文化的意味を含んだ指標として機能してきたといえよう。しかし、そのなかで労働者階級が独自の文化をもつという考えは、決して新しいものではなかった。

一九世紀にマシュー・アーノルドは『文化と無秩序』(一八六九年)を著して、労働者階級文化をアナーキーな状態にある「無秩序」と捉え、エリート文化によるその教導・馴致を目指していた。戦間期には英文学者F・R・リーヴィスが、イギリスの地方の有機的共同体の衰退を嘆きつつ、英文学による文化的伝統の復権を唱えたが、そのときにも同じくエリート文化が念頭に置かれていたのである。

一九五九年の講演で、科学者でもあり小説家でもあったC・P・スノウは、戦後のイギリス知識人の営みが、科学的・物質主義的文化と文学的・美学的文化との「二つの文化」に引き裂かれているとした。前者を犠牲にして後者を優遇してきたことが、イギリスの伝統であったというのである。この議論はリーヴィスによって批判されることになるが、リーヴィスにもスノウにも欠けていたのが、労働者階級の文化を見るまなざしであった。

一九五〇年代には、『文化と社会』（一九五八年）を著したレイモンド・ウィリアムズのように、文化の複数性を唱えて、労働者階級文化を捉える視座が提出された。リチャード・ホガートによる労働者階級文化についての優れたルポルタージュである『読み書き能力の効用』が出版されたのも、一九五〇年代のことであった。

さらにいえば、戦後イギリスの歴史学を代表する作品であるエドワード・P・トムスンの『イングランド労働者階級の形成』（一九六三年）は、階級意識の歴史的起源を探究しようという意図のもとに執筆された作品であった。これらの著作は、のちにカルチュラル・スタディーズという学問に定式化されていく知的潮流の起源として位置づけられるが、そこでは、階級、とりわけ労働者階級の諸問題を浮上させることにおいて大きな貢献があった。いずれにしても、「階級」は常に、ジャーナリズムやアカデミズムにおいて中心となる位置を占めてきたのである。

一九五〇年代には、階級間の溝は越えがたいものとしてカーストのように存在していたが、「豊かな社会」のなかで大きな変容を余儀なくされていった。福祉国家制度を支える専門職・ホワイトカラーなどからなる新しい中産階級が大量に創出され、伝統的な階級意識が希釈されていった。また、サッチャー政権以降に経済の重心が製造業から金融・サーヴィス部門へと移行して脱工業化が進行すると、伝統的な労働者階級は周辺化され、失業と貧困の脅威にさらされる「アンダークラス」として囲い込まれていった。その一方で、「ヤッピー」と呼ばれる新たな中産階級が勃興して、「無階級社会」ないしは「中産階級社会」が喧伝されるようになった。

アイデンティティとしての階級が突出したものでなくなると、今度は、ジェンダー、地域、宗教、人種、民族などの文化的な差異がアイデンティティの基礎として相対的に浮上してきた。一九四八年の国籍法によってコモンウェルス内の臣民にも平等な市民権が認められ、旧植民地からの移民の流入が始まると、都市部を中心に移民社会が形成されていった。また、イギリス（ブリテン）人よりも、スコットランド人やウェールズ人、アイルランド人というアイデンティティのほうが重要になった。一九七〇年代には、女性解放運動が女性の社会進出を促していった。イギリスは、ますます多文化主義的な社会になり、ジェンダーやセクシュアリティの面でも「解放」が進んだのである。

政治学者であるエルネスト・ラクラウとシャンタル・ムフは、近代の政治史を叙述する壮大な構想を提示した『民主主義の革命』（一九八五年）のなかで、近代の政治闘争が、階級を基盤とした闘争であったのに対して、ポストモダンの社会においては、階級闘争に代わって、人種、宗教、ジェンダーなどの多元的な差異にもとづく「敵対性」による民主主義闘争が、政治のダイナミズムを形成していく原動力となると論じている。

ラクラウとムフの理論は、ヨーロッパの近代史を考えるうえでの一般理論であったが、階級という言語が最も浸透した国であるイギリスを見ていく場合でも、有効な視座を提供してくれる。事実、それは一九七〇年代以降のイギリス政治の転回にも適合するものとなり、左派あるいは労働党の多文化主義的傾向にも一定のインパクトを与えることになった。本書では、戦後イギリスの社会史ならびに文化史を、階級社会から多文化主義社会への変化という視点から眺めてみたいと考えている。

歴史のナラティヴ

本書は、戦後史を支配してきた主要なナラティヴを組み合わせながら、通史を書く試みである。それらのナラティヴは、相互に緊張と軋轢、矛盾と相克をはらむものであるが、現実の歴史過程はそれらの「複合体」として存在している。また、いくつかのナラティヴは、ごく最近になってその有効性に疑問符が付され、再検討が加えられるようになっている。

歴史家E・H・カーは、「歴史とは……現在と過去との間の絶えざる対話である」という有名な言葉を残している(岩波新書『歴史とは何か』清水幾太郎訳、四〇頁)。しかしカーはまた、別のところで次のようにも記している。

未来だけが、過去を解釈する鍵を与えてくれるのです。そして、この意味においてのみ、私たちは歴史における究極的客観性ということを云々することが出来るのです。過去が未来に光を投げ、未来が過去に光を投げるというのは、歴史の弁明であると同時に歴史の説明なのであります。……ですから、歴史とは過去と現在との間の対話であると前の講演で申し上げたのですが、むしろ、歴史とは過去の諸事件と次第に現われて来る未来の諸目的との間の対話と呼ぶべきであったかと思います。（一八二―一八四頁）

歴史解釈の変更を促す歴史家の立脚点である現在や未来の姿が変化しているということ。この感覚は、イタリアのマルクス主義者アントニオ・グラムシによっても、社会が変革されていくときには、旧《ふる》い「常識」が打破されて新しい「常識」に取って代わられていくという点から捉えられている。あるいはまた、「ミネルヴァの梟《ふくろう》は夕暮れに飛び立つ」とでもいうべきか。

「EU離脱(Brexit)」の国民投票が与えた衝撃をどのように受け止めるか。こうした動機から始められた本書の企画・構想であったが、いみじくも労働党のコービン党首が引き起こしている現在の社会現象には、何か新しい時代の到来を予感させるものがある。本書は、そうした新しい時代の到来をインスピレーションとして執筆されることになった。

こうしたナラティヴの書き換えは、とりわけ一九七〇年代を焦点としてイギリスでも現在進行形の試みとなっている。その意味で、本書は、試論としての性格を併せもっている。だが、それは単なる独善的な思い込みではなく、新たな「共通感覚」として形成され始めているといえよう。日本の読者が、本書のナラティヴに違和感をもつとしたら、それはおそらく、この感覚の新しさのためであるのかもしれない。

＊本書で用いられる「イギリス」ないしは「英国」とは、ブリテン島の「連合王国(United Kingdom, U.K.)」のことであり、その内部の地域をとくに指示する場合には、「イングランド」「スコットランド」、「ウェールズ」、「北アイルランド」と明記する。

＊一九世紀には世界最大の植民地帝国を擁していたイギリスであるが、二〇世紀に入るとその相対的地位は次第に低下し、カナダ、オーストラリア、南アフリカなどの白人自治領は自立化傾向を強めていった。こうした動きは、第一次大戦後にはアイルランド自由国の成立(一九二二年)などによっていっそう加速し、イギリスは帝国の立て直しを余儀なくされる。一九三一年ウェストミンスター憲章が制定され、主権国家の連合体として英連邦(British Commonwealth)が結成された。第二次大戦後にはアジア・アフリカ植民地の独立により、Commonwealth of Nations と改称され、今日にいたっている。

第1章
福祉国家の誕生
—1940年代—

マンチェスターの歩道に記されたガスマスク携帯を促すメッセージ（1939年）Getty Images

1　起点としての第二次世界大戦

「人民の戦争」

イギリスにとっての第二次世界大戦は「よき戦争」であったといわれる。それは、第一次世界大戦と比較した場合、反ファシズムの戦争、また民主主義のための戦争という大義名分が明確だったからである。第二次世界大戦はまた、「人民の戦争(People's War)」とも呼ばれた。この「人民の戦争」のレトリックは、最近の戦時動員体制論という文脈のなかで読み解く必要があろう。

二つの世界大戦に典型的に見られる総力戦体制は、戦時動員体制として戦争を遂行することを課題としていたが、同時に福祉国家の成立を促していったことが指摘されている。労働党の政治家は「平等な犠牲」と「公正な分け前」を強調したが、そこには「人民の戦争」を社会改革の機会として利用しようとする構想が存在していた。広く人民諸階層の力に依拠することによって戦争を遂行し、他方で、その対価として人民には福祉や雇用を確保しようとしたのであった。

第二次世界大戦を研究する歴史家たちは、ウィンストン・チャーチルの不屈の戦争指導や「ブリテンの戦い」と呼ばれるイギリス本土の制空権をめぐる戦闘などに目を奪われがちであった。しかし、歴史学の関心が軍事史や政治史から社会史に移行するにつれて、「下からの歴史」として第二次世界大戦を描く傾向が登場してきた。戦時期が、まさに「人民の戦争」の側面から捉え直されはじめたのである。

そうした社会史的観点からすると、上流階級にとっての戦争は、これまでの生活のほぼすべてが崩壊したという喪失感を抱かせるものであった。実際、都市部の子どもたちの集団疎開に対応するため、富裕層はその邸宅から追い出されるようなこともあった。他方、労働者階級にとっての戦争とは、社会的流動性の原動力となり、「愛国的精神」のもとでの平等の感覚を惹起するものであった。人びとは、国民的な危機の感覚を共有しながら、防空壕や配給の行列待ちを経験し、ラジオでの戦争のニュースに聴き入った。「人民の戦争」は、すべての人びとが「がんばれる」戦争となった。

この「人民の戦争」を象徴しているのが、「ダンケルク」であろう。「奇妙な戦争」と呼ばれた緒戦でのフランス戦線の崩壊によって、一九四〇年五月末、ドーヴァー海峡の港町ダンケルクからイギリス遠征軍二五万人を撤退させるという困難な作戦が提起された。この退却戦では、イギリス軍のほぼ全体、および主としてフランス軍からなる一〇万人の他国軍を救助し無事に撤退させることに成功した。ほとんどの部隊は海軍によって移送されたが、それでは足りずに、小舟に乗った漁民などの志願兵による小船隊がそれを補った。六月五日、対岸のドーセット州ブリッドポートの街は、ダンケルクから撤退してきた疲労困憊の兵士たちであふれかえっていたという。

かくして、ダンケルクは「勇気ある国民の愛国的行動が国家を救った」という「神話」となり、「ダンケルクの精神」は戦争を遂行していくうえでの愛国心を鼓舞するレトリックとなった。それは、多くの上流階級にとっても庶民の愛国心を目の当たりにする貴重な機会となり、戦後福祉国家建設への機運を醸成する起点ともなっていった。

総力戦体制

第二次世界大戦は、文字通りの総力戦となった。ドイツに対する宥和政策を遂行してきたネヴィル・チェンバレンの戦時内閣が機能不全に陥ると、一九四〇年五月一〇日に内閣が一新され、チャーチルが首相になった。この内閣での具体的な戦争指導はチャーチルが主に担当したが、実質的に戦時動員体制を支えたのは、新たに入閣した労働党の閣僚たちであった。

労働党党首クレメント・アトリーは、王璽尚書（国王の御璽の管理、関連する行政事務を司る役職で閣僚）を通して国内政策を仕切るようになった。また労働・徴兵大臣になったアーネスト・ベヴィンは、かつて運輸一般労働組合の指導者を務めたこともある、いわば現場を知り抜いた人物であったが、戦時下の人的資源の管理を一任されることになった。戦時内閣は「緊急事態権限法」を通過させ、国民の財産や生命に対する中央集権的な統制権を手にした。

ベヴィンは、「人的資源配分計画」を策定し人的・物的な動員を管理して、戦時体制の効率性を高めた。適切な人員を徴兵して巨大な軍を編制する一方で、鉱山や労働現場にも人員を確保し、若い独身の女性は欠員を埋める予備的労働力とされた。

ベヴィンは生産性を何よりも重視して、工場労働への徴用、ストライキの違法化、長時間労働、有給休暇の一時中止など、市民的権利を制限しさえもした。だが、同時に労働組合に強力な団体交渉権を付与することで、労働者の福利厚生の改善に繋げようともしていた。事実、戦時期を通じて労働組合員数は増大していくことになる。

また、食糧統制を含んだ国家の諸政策は、「大きな政府」を生み出し、官僚制を巨大化させていく。戦後の官僚制度の規模は四〇万人にも達して、戦前の三倍に膨れあがっていた。

ＢＢＣのラジオ放送は、戦間期に初代会長で公共放送の独立性を主張していたジョン・リースの指示のもと、中産階級の嗜好に沿ったクラシック音楽やドラマを番組にして、国民のあいだに定着していた。だが、そのリースが情報大臣の職を解かれると、一九四一年にチャーチル首相には夜九時のニュースに続く時間帯が確保された。チャーチルの肉声は成人の半数に聴取されたともいわれ、政府のプロパガンダはメディアを通じて流布していった。

戦争初期に軍向けの放送が追加された際には、リース流の厳しい水準を緩和することで、また工場労働者に向けては軽音楽番組の「労働時間の音楽」の企画が採用されることで、番組の編成にも聴衆の大衆性が反映されていった。一九四二年までにメディアと政府は、労働者を「人民(people)」と表現するようになり、戦争への協力を拒否するような上流階級や中産階級を非難する論調へと変化していった。

銃後の生活

戦争は、国民の日常生活をも組織化していった。政府は、衝動買いによって生活必需品が不足し物価が上昇することを避けるために、一九四〇年一月に食糧と燃料の配給制度を導入した。国民ひとりひとりに配給手帳が配布され、乳児にはミルク、ビタミン計画では子どもに濃縮のオレンジ・ジュースや肝油などが配給された。いわば、国家が国民の身体を統制することに着手したのである。

物不足、行列待ち、そして厳しい統制の時代のパラドックスとして、保守党の政治家で食糧大臣のウルトン卿の言葉を借りれば、国民が「長年こんなにも健康だったことはなかった」という状態が生まれた。ベヴィンはこれを不十分と考えて労働者への配給をさらに増やそうとしたものの、実現にはいたらなかった。配給制度は、国民を健康にしたが、それ以上のことはしなかったのである。依然として特権階級は、配給制度の外側で贅沢な食事を享受し続けていた。

図1　サセックス州イーストボーンでの疎開風景（1939年）Getty Images

　ドイツによる空爆への対応でも、政府は必要最低限のことしかしなかった。空爆の被害は、甚大になることが想定されていたが、疎開計画は自発的になされるべきだとされた。民間団体に疎開を計画・実施する権限が与えられ、それに地方自治体が最低限の援助をおこない、中央政府は何もしなかった。富裕層は、子どもを海外に送り出したり、寄宿学校にやったり、別荘に移り住んだりする経済的余裕を持ち合わせていたが、労働者階級の子どもたちは疎開計画によって百万人ほどが都市を離れることになった。

受け入れ家庭の多くが労働者階級であり、上流階級と中産階級のあいだでは、疎開者の受け入れを拒否する傾向が高かったといわれる。受け入れた場合も、子どもたちは冷淡で無情な取り扱いを受けたという。疎開を経験した者は、疎開計画が民間団体の能力を超え、公的機関による介入が望ましいこと、また労働者階級の家族や共同体が高い道徳性を保持していることを発見した。

「ブリッツ（The Blitz）」と呼ばれるドイツ軍による都市に対する空襲では、際立ったパニック現象は発生しなかった。一九四〇年秋にはロンドンに対する空襲が始まり、それは五八日の連夜に及ぶものとなったが、標的となったのは主として港湾施設が集中する東部のドック地区周辺であった。市民は地下鉄の構内を利用した防空壕へと避難した。政府は一万人単位の収容施設を開設したが、連日の空襲で三万五〇〇〇人がこれら避難所に詰め込まれた。

ＢＢＣで戦時放送を担当した、『ウィガン波止場』や『一九八四年』などで知られる作家ジョージ・オーウェルにとっては、首相のチャーチルではなく、空襲を堪えしのび、率先して救助にあたった看護師や消防士などの市民こそが、「真の英雄」だった。軍関係の工場が集積する中部地方のコヴェントリは、一九四〇年一一月一四日に大規模な空襲を受けた。またポーツマスやハルといった軍港を抱える港湾都市も空襲を受け、これらの諸都市では戦後の再建の時代に、抜本的な復興計画が採用されることになった。

2　一九四五年の精神

一九三〇年代の記憶

ケン・ローチといえば、いまやイギリスを代表する社会派の映画監督である。彼の『一九四五年の精神』(二〇一三年)は、福祉国家の誕生についての同時代人へのインタヴューから構成されたドキュメンタリー映画で、改革と革命的な精神に満ちあふれた一九四五年の雰囲気を伝えてくれる。それによれば、一九四五年の革命の精神の前提には、「一九三〇年代の資本主義への記憶」が存在していたのであり、「一九三〇年代へは戻りたくない」という気分が改革への機運を醸成したとされる。それでは、実際のところ一九三〇年代とは、どのような時代だったのであろうか。

近年の研究によれば、一九三〇年代には、フォード主義的生産システムが導入され、女性の労働市場への進出が進み、稼得賃金をもとに消費社会の萌芽が生まれ、ダンスホールの文化が花開いたとする説もある。しかし、一九三〇年代の全体の基調としては、やはり「失業の時代」であった。大戦間期の労働者のあいだでは失業が慢性化していたが、一九二九年のニューヨーク・ウォール街の株価大暴落のあとに失業率は劇的に上昇していった。大恐慌はイギリスへも波及し社会不安が醸成され、ファシスト同盟のオズワルド・モーズリーに共感する労働者も登場するようになった。だが、労働者の多くは、反ファシズム運動に参加し、なかには夢を求めて海を渡りスペイン人民戦線の義勇兵となった者もいた。

この時代には、失業に関する社会調査や失業者の声を歴史に残す取り組みがおこなわれ、フェミニストたちは出産時の母性を保護する運動に取り組んだ。全国失業者運動と労働組合によって組織された反失業運動は、世論の変化をもたらした。たとえば、一九三六年のジャロウの飢餓行進は、北東部の造船の街からロンドンに向けておこなわれ、沿道から喝采を浴び、新聞などジャーナリズムでも取り上げられた。

だが、これらに対する政府の方針は冷淡なものであった。蔓延する失業の原因を労働者の怠惰に求め、貧困を自己責任とする道徳的差別をおこなった。その最たるものが、失業手当受給者の選抜をおこなうための「資産調査（ミーンズテスト）」であった。これは納税者である中産階級の利害を反映するもので、失業手当の削減を目的として「不正な」受給を摘発するものであったが、それが逆に貧困を拡大することになった。

こうした社会保障システムの「空白」を埋めたのが、民間団体の活動であった。慈善病院や友愛組合などのヴォランタリー組織の起源は、旧くは一八世紀にまで遡ることができるが、この時期にも規模を拡大させながら福祉の供給主体として活動を続けていたのである。しかし、大恐慌によって中産階級の経済的疲弊が激しくなり、彼／彼女たちの寄付や善意に頼る慈善活動の限界が露呈していた。また戦時動員体制のもとで中央集権化による国家の一元的管理が進んでいくと、地域ごとにバラツキと不統一のある福祉システムへの疑問が呈されるようになった。

ベヴァリッジ報告

政府は、一九四一年のはじめから再建問題委員会を設置して、来るべき戦後に経済・社会・政治の諸分野で、どのような秩序を構築すべきかについて検討を開始していた。一九三〇年代の失業をめぐる問題で浮き彫りになったのは、国家がどのような役割を果たしうるのか、すな

図2　ベヴァリッジの構想(『デイリー・ヘラルド』より)

わち、国家か民間か、中央か地方か、拠出制か税方式か、普遍主義か選別主義か、といった福祉をめぐる多岐にわたる争点であった。

これらの難問に取り組んだのが、ウィリアム・ベヴァリッジであった。ベヴァリッジは、自由党の指導的存在であったが、連立内閣で閣僚を務めた労働党のアーサー・グリーンウッドから既存の社会保険制度を再検討するように委託を受けた。ベヴァリッジは、もともとヴォランタリーな組織による福祉の提供が最善の方法であるという信念を抱いていたが、空襲、疎開、徴兵の経験によって、国家が中心的で積極的な役割を果たしうるという考えに徐々に移行していったといわれている。

ベヴァリッジの委員会は、一九四二年一二月に『社会保険と関連サーヴィス』と題された報告書を提出した。ベヴァリッジの提案は、戦後の福祉政策の包括的な青写真を提供することになった。それは、市場では解決できない「五つの巨悪」、すなわち「窮乏、疾病、無知、不潔、怠惰」から、すべてのイギリス人を解放することを目的としていた（図２）。つまり、社会保障、医療サーヴィス、教育、住宅、雇用政策など、貧困が包括的で統合的な社会保険計画によって根絶できることを示したのである。

なかでも最も重視されたのが社会保障であり、ベヴァリッジの原則は次のように要約できる。第一に、社会保障は、政府が国民に対して保障する生活水準としての「ナショナル・ミニマム」に設定すること、第二に、すべての人への均一給付に対応して拠出もまた均一でなければならないこと、第三に、すべての人を包摂することであった。

当初政府は、ベヴァリッジ報告書の細部にわたる発表をおこなわない方針であったが、最終盤で全文公表という形態をとった。報告書の刊行は、幸運なタイミングによって社会に大きなインパクトを与えた。一九四二年の戦況、とりわけ戦争の勝敗の帰趨に関する不安を払拭した北アフリカ戦線のエル・アラメインでの連合軍の勝利から、数週間後のことだったからであった。国民は、戦争によって勝ち取った福祉の増進をさらに強化する実現可能な方策を求めていたのである。

ベヴァリッジの報告書は六〇万部以上を売るベストセラーとなり、広く世論を喚起した。その一方で、報告書の刊行は、政治的対立を明確化していった。労働党、自由党、労働組合会議などが報告書の早期の実現を求めたが、保守党、大蔵省、資本家団体は、消極的な態度をとった。また世論調査によれば、報告書の認知度は極めて高く、広く労働者階級から受け入れられていることが明らかになった。

アトリー政権

保守党は、すべての人への福祉の給付というベヴァリッジの前提を支持することを拒んだ。チャーチルはそうした公約を、守れない贅沢として考えていたようである。一九四三年一月に戦時内閣に宛てられた秘密メモのなかで、彼は「偽りの希望をもたせることで人びとを欺きたくなかった」と述べていた。だが、戦間期の保守党の「経済的リアリズム」と「常識」という言葉は、戦時期には人気を失っていたのである。

これに対して労働党は、ベヴァリッジ報告を推奨することによって、その利益を享受した。労働党の訴えは、過去の窮乏状態に回帰する恐れが広まっていたなかで、「一九三九年に戻りたい」と思っていた権力と富をもつ人びとに対する「人民」の意識を喚起した。一九四五年の労働党の選挙マニフェスト『将来に目を向けよう』は、こうした時代精神を捉えたものだった。

一九四五年五月にヨーロッパでの戦争は終結した。それにともない、戦時連立内閣は解消して、二カ月あまりのチャーチルを首班とする「暫定」内閣が続いた。七月二六日の総選挙の結果は、労働党が四〇〇近い議席を確保する一方で、保守党は二〇〇議席あまりの惨敗、労働党の地滑り的な勝利となった。労働党は、経験豊かな五巨頭(アトリー、ベヴィン、ハーバート・モリソン、ヒュー・ドールトン、ヒュー・ゲイツケル)の存在が影響力を発揮した。ある調査によれば、中産階級の二一パーセントが労働党支持を表明したと言われている。新政権では、アトリーは信頼の厚いベヴィンを外務大臣にあて、ドールトンが大蔵大臣に、リチャード・クリップスが商務大臣に任命された。

図3　総選挙後のアトリー首相夫妻(1945年7月) Getty Images

クレメント・アトリーは、一八八三年にロンドンの富裕な弁護士の子どもとして生まれ、パブリック・スクールからオクスフォード大学へ進学、卒業後は弁護士となった。彼は、ロンドンの労働者街にあるトインビーホールを拠点として、ベヴァリッジなども関わった貧困救済運動であるセツルメント活動に取り組んだ。労働者階級の貧困の状態に直面したアトリーは、社会主義に感化され独立労働党に加入するが、それはセツルメント活動のようなヴォランタリーな慈善運動だけでは、貧困は解決しないとの認識にいたったためだった。

戦後の労働党は、都市部やイングランド北部や中部、ウェールズやスコットランドの工業地帯での労働者階級の投票に依拠していた。保守党は、中産階級主体の郊外や農村地域で議席を保持した。この選挙によって戦後の二大政党制が確立して、それは一九七四年まで続くことになる。

3　戦後再建

「地上のイェルサレム」

アトリー政権は、ベヴァリッジのプランに基づいた「ゆりかごから墓場まで」の福祉国家、「地上のイェルサレム」の建設に着手する。一九四六年から一九四八年にかけては、このプランを具体化する社会立法が集中的に審議され、議会を通過し、そして実施されていった。

一九四六年には労働災害法を成立させたが、より重要なのは同年に成立した国民保険法であり、この制度は、疾病、失業、退職、寡婦、孤児、妊婦、死亡のすべてをカバーし給付金を与えることになった。国民保険基金は、国家、企業、国民の三者の拠出によるものとされた。一九四八年、さらにこれらの対象からこぼれ落ちる人のために国民扶助法が制定され、火災・水害の罹災者、ホームレス、労働災害や保険制度への拠出金を支払えない人びとを救済した。一九四八年には、国民年金法も導入された。こうしてイギリスは、史上初めてすべての個人が「ナショナル・ミニマム」を保障される普遍主義的な福祉国家を導入することになった。

そのなかでもっとも重要であるのが、一九四六年一一月に労働党の保健大臣アナイリン・ベヴァンのもとで制定された国民保健サーヴィス法であった。この法律は、既存の医療機関を統合して、無料で医療を受けられる画期的な国民保健サーヴィス(NHS)を構築するものであった。

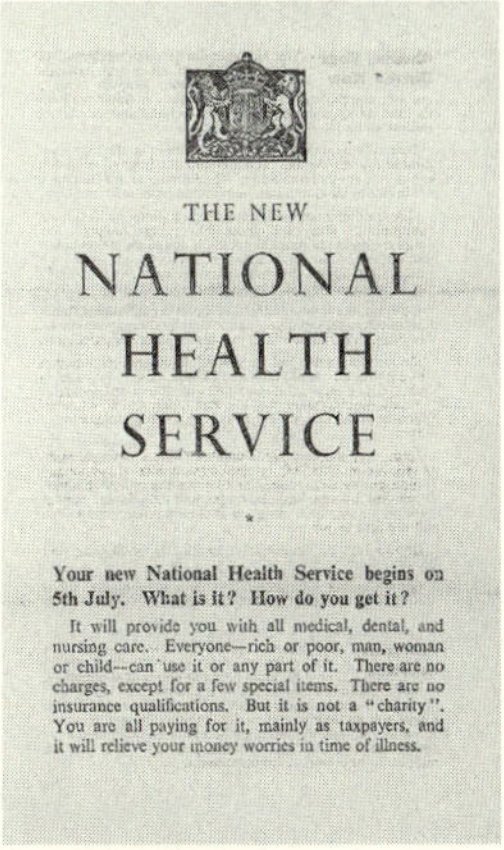
THE NEW
NATIONAL
HEALTH
SERVICE

*

Your new National Health Service begins on 5th July. What is it? How do you get it?

It will provide you with all medical, dental, and nursing care. Everyone—rich or poor, man, woman or child—can use it or any part of it. There are no charges, except for a few special items. There are no insurance qualifications. But it is not a "charity". You are all paying for it, mainly as taxpayers, and it will relieve your money worries in time of illness.

図4　NHSリーフレット
(1948年)

国有化による職業的自律性の喪失を恐れた医療従事者たちの利害を代弁する医師会などが反対したにもかかわらず、医療サーヴィスは行政的にひとつの組織に統一化され、地域ごとの格差も小さくなっていった。NHSは、その後、何度か改変を加えられながらも、戦後福祉国家の象徴的存在としてイギリスの社会や文化、国民生活のなかに定着していった。
続いてアトリー政権は、労働党が党綱領第四条に掲げてきた理念であり、一九四五年の選挙マニフェストでも公約とした基幹産業の国有化に乗り出す。国有化こそが、産業に計画性をもたらし、生産効率を高め、雇用を確保して、富の再分配を約束するものとされた。まずイングランド銀行が国有化され、民間航空、石炭(一九四七年)が続いた。さらに鉄道、運河、運輸、電気(一九四八年)、ガス(一九四九年)に広がり、最後は鉄鋼(一九五一年)にまで及んでいった。

表3 国有化年表

国有化された企業	日付
イングランド銀行	1946年3月1日
全国石炭庁	1947年1月1日
通信事業	1947年1月1日
運輸事業	1948年1月1日
電気事業	1948年4月1日
ガス事業	1949年4月1日
鉄鋼業	1951年2月15日

出典) Catherine R. Schenk, "Austerity and Boom", in Paul Johnson(ed.), *20th Century Britain*(表1前掲), p. 310.

これらの国有化にはほとんど抵抗は見られなかったが、鉄鋼をめぐっては、賛否が分かれた。国有化を主導した副首相ハーバート・モリソンの方式によれば、政府が資金や資本を提供してトップの人事も決めるが、労働者の経営参加や価格政策や消費者との関係には不干渉とされ、これは戦前の公社方式を踏襲したものであった。

ベビーブーム

一九四五年五月から七月までの暫定政府の時期には、家族手当法が制定されていた。イギリスの全世帯に対して、二人目からの子どもに一人当たり週五シリングの児童手当が支給されることになった。これは、ながらく女性議員エレノア・ラスボーンの運動によって主導されてきたものだったが、所得の再分配という観点からも、人道主義・フェミニズムの観点からも、(今日では批判されている)優生学に基づく「国民的効率」の観点からも、正当化されていった。

国勢調査によれば、二〇世紀前半のイギリスでは、産児制限運動家のマリー・ストープスが唱導する家族計画によって出生率が低下していた。だが、この家族手当は、戦争への動員からの解除という要因と相まって、戦後の「ベビーブーム」という人口動態上の変化を生み出すことになった。

この人口動態の変化に対して政府は、住宅供給を増加させるため住宅補助金を増額して「ニュータウン」建設を進め、一部の民間賃貸住宅に家賃の統制を課した。一九四五年の時点で、人口の一〇パーセントが基準を下回る住宅での暮らしを余儀なくされていた。保健大臣のベヴァンは、毎年二四万戸の住宅を新たに建設すると約束した。

一九四六年の住宅法は、頑丈で断熱性や通気性に優れ、バスルームが屋内にあることを公営

図5　グラスゴーの公営住宅(1948年)
Glasgow City Council, Libraries Information and Learning

住宅の基準とし、必要とするすべての人びとに地方自治体が住宅を供給すると宣言した。ベヴァンの住宅法は、戦前のイギリスに見られた劣悪なスラムの住宅の経験から導き出されたものであり、民間の家主や建設業者よりも地方自治体のほうが計画化された質の高い住宅を提供できるという信念に基づいていた。図5は、スコットランドのグラスゴーにおける公営住宅の造成直後の姿で、そのモダンで端正なたたずまいを伝えてくれる。

教育の分野でも大規模な変革がおこなわれた。戦後イギリスの中等教育の枠組みは、一九四四年のバトラー法によって与えられた。それは、中等教育を無償化し、一一―一五歳までの子どもの教育を義務化したものであったが、一九四八年の労働党政権時にエレン・ウィルキンスン教育大臣のもとで実施に移された。

バトラー法では、「イレヴン・プラス」といわれる、一一歳児童に対しておこなわれる選抜試験によって三種類の学校が準備されていた。すなわち、大学入学の必要性を満たすためのグラマー・スクール、職業教育を強調した技術系の実業学校、その他のための現代中等学校（モダン・スクール）である。イングランドとウェールズでは、ほとんどが現代中等学校に進学したが、一五パーセントが技術系に、残りの一五パーセントがグラマー・スクールに進学した。

これらは、労働党が推進する「機会の平等」という理念を体現すると同時に、選抜制を導入することで実力主義という原理を併せもつものだった。これによって、全国各地に学校が建設され、国家の教育への投資の拡大も進んだ。実際、グラマー・スクールに進んだ生徒たちにとっては、教育が社会的上昇の回路として機能していくことになった。かくして、戦後のベビーブーマー世代にとって、教育は巨大な社会変動のエネルギーの源泉を提供していくことになったのである。

経済危機

経済学者ジョン・メイナード・ケインズによれば、一九四五年にイギリスは、「金融上のダンケルク」に直面していたとされる。第二次世界大戦中、イギリスはアメリカからの「武器貸与法」による武器の無償供与によって、巨額の国際収支の赤字の半分以上を埋め合わせており、戦時生産を遂行することができたのだった。だが、一九四五年九月に日本が降伏文書に調印すると、アメリカは突如として武器貸与法を停止した。その結果、イギリスは事実上破産することが懸念されていた。

ケインズの「ダンケルク」という表現は、政権にあった労働党の政治家を覚醒させるための政治的レトリックとして読み取ることができるが、当時の対外政策の現実を的確に捉えた表現でもあった。イギリスは海外資産の売却などによって国富の四分の一を失っており、世界第二位の債権国から最大の債務国に転落していたのであった。

一九四五年一二月までにアメリカとの交渉にあたったケインズは、三七億ドルあまりの借款をアメリカから引き出して危機を回避したが、アメリカが貸与の条件として、二パーセントの利子、五〇年償還、ポンドの自由交換性の回復など厳しい条件をつけたので、この協定は政治家たちによって怒りをもって迎えられ、「経済上のミュンヘン」(屈辱的な宥和政策)と呼ばれることになった。

急場をしのぐことができた政府は、国民に耐乏生活を強いることになった。国民生活のあらゆる領域において物資が不足して、食糧用の油や砂糖、肉類などの不足が深刻化し、戦時統制を継続して配給の長い行列が続いたのである。

一九四七年には、厳しい冬がイギリスを襲った。一月には、二〇世紀最悪と言われる寒波で国全体が麻痺した。それは、急速な石炭の不足によるエネルギー危機を引き起こし、生産活動の危機をもたらし失業率も上昇した。さらに一九四五年のアメリカの借款に対する協定での条件に基づいて、ポンドが自由にドルと交換できるようになると、八月までにポンドの流出が加速していった。

ポンドとドルとの自由な交換は八月二〇日に停止されたが、ドル不足は深刻となり、緊縮財政と「耐乏の時代」が続くことになった。この危機を打開するために、一九四八年にはアメリカによる復興援助計画であるマーシャル・プランによる支援を受け入れた。それは国内政策においては、社会主義的な統制経済を解除して自由市場を導入することを意味しており、社会保障に対する財政支出の制限に向けて圧力が加わるようになった。

帝国からの撤退

一九四七年の危機は、金融危機から始まって、海外との関わり方を大きく見直す結果へと繋がった。困難な状況下にあった労働党政権は、ギリシアとトルコへの金融支援を打ち切り、委任統治領という状態を改めパレスティナ問題を国際連合に委託し、インドから一九四八年六月までに手を引くことに同意した。こうして、「帝国からの撤退」に道筋がつけられた。

ただ、一九四五年から四七年までは、ソ連の拡大とアメリカの孤立主義的傾向のために、アトリーが望んだ諸外国との関係の見直しはできなかった。英米関係は、金融協定や原爆の開発などをめぐってギクシャクしていた。アメリカはイギリスを潜在的なライバルと見なしており、イギリスが帝国を維持しコモンウェルス諸国との関係を保っていることを嫌悪していた。

しかし、一九四七年から四九年になると、アメリカが国際主義的傾向をとるようになる。ギリシアとトルコの支援を引き受け、マーシャル・プランによってヨーロッパ経済の復興のために一三〇億ドルの資金を提供し、北大西洋条約における西ヨーロッパの安全保障に対して介入することを明らかにした。アトリー政権で外交を担ったのはベヴィンであったが、このベヴィン外交によって、イギリスは、アメリカを永続的にヨーロッパに介入させるという戦時期以来の外交政策を継続させることに成功したのである。

こうした状態のなかで、一九五〇年の総選挙を迎える。労働党は、党内に鉄鋼業の国有化をめぐる対立を抱えつつも、成立させた社会経済政策をめぐる法案、著名な閣僚の人気、完全雇用による物質的安定の提供などを有権者にアピールした。他方で、保守党は「資産所有者民主主義」を唱えて、自由、個人主義、減税を強調した。

二月におこなわれた総選挙の結果は、保守党の二九九議席に対して労働党は三一五議席を獲得し、僅差の勝利であった。アトリーは第二次政権を発足させるが、六月に朝鮮戦争が勃発すると、これを契機に軍備増強をめぐる論争が起こり、戦争への派兵のための軍事費を拡大させ、その代償としてＮＨＳ支出の削減を発表した。

労働党内では、削減案を支持するゲイツケルとそれに反対するベヴァンとの対立が激化して、ベヴァンは辞任した。アトリーは、安定多数を獲得しようと一九五一年に総選挙に打って出た。労働党は一九四五年の選挙より得票数を増やし、得票率も保守党を上回ったが、議席数は二九五議席にとどまり、三二一議席を得た保守党に政権を奪われた。かくして、チャーチルが再登場することになる。

第2章

「豊かな社会」への変貌

—1950年代—

サウサンプトン港の税関で待つ移民
(1956年) Getty Images

1　コンセンサスの政治

バッケリズム

一九五一年一〇月の総選挙で勝利を収めた保守党は、チャーチルを首相として再登場させ、新機軸を打ち出す姿勢を見せた。実際のところ、チャーチルは労働党政権下でおこなわれた食糧の配給制などの経済統制を徐々に解除していった。しかし、労働党政権の政策的枠組み自体は維持されることになった。たとえば、住宅政策担当大臣となったハロルド・マクミランは、年間三〇万戸の建設という選挙公約を実行していった。大蔵大臣のR・A・バトラーは、ケインズ主義的な需要管理の手法を用いて世帯収入を増加させ、完全雇用を維持していった。

チャーチル政権は、主要産業の国有化に反対しており、鉄鋼業や道路輸送などが民営に戻されたが、それ以外の国有基幹産業に関しては民営化されることはなかった。国民保険や国民医療サーヴィス関係への政府支出も継続し、それらは削減されるどころか、一九五七年以降には増額されていったのである。

こうして福祉国家体制のもとでのケインズ主義的な経済運営は、二大政党制のもとでの政権交代にもかかわらず継続され、戦後政治のコンセンサスとなった。イギリスを代表する経済誌『エコノミスト』は、こうした経済運営を、労働党時代の大蔵大臣ヒュー・ゲイツケルと保守党の蔵相バトラーの名前をとって、「バッケリズム（Butskellism）」と呼ぶようになった。

このバッケリズムが成立することになった原因は、ひとつには、経済が回復して余裕が生じたことにあった。一九五二年までには国際収支も大幅に改善され、一九五三年から五四年にかけての朝鮮戦争の軍事特需によっても景気が回復した。もうひとつは、政治的な理由も存在していた。たしかに、一九五一年総選挙において保守党は議席のうえでは勝利した。だが、得票率では労働党を下回り、政権を維持するためには世論や労働組合などに配慮しながら、慎重に政権運営を進める必要があったのである。

一九五四年に八〇歳となった老チャーチルの後を継いだのは、アンソニー・イーデンであった。首相となったイーデンは、一九五五年五月二六日に総選挙をおこない、保守党の得票率自体は伸び悩んだものの、議席数で大きな差をつけて勝利した。イーデンは、当初はチャーチル政権の閣僚をほぼ引き継いだが、一二月にバトラーを王璽尚書に、マクミランを大蔵大臣に据えて内閣改造をおこなった。

そのイーデンが直面したのは、経済状況の悪化であった。ブームによる過熱気味の経済は、バトラーの減税策や、選挙目当ての予算によってさらに過熱化していた。インフレが加速し、国際収支も悪化した。また、港湾や鉄道の労働組合がストに突入するという事態にもなった。バトラーは七月に金融引き締めをおこない、銀行への貸し出しを制限するなどデフレ政策を実施し、一〇月には高率の物品税を課す補正予算を組む。経済の活性化が失敗すると急速に冷却させる、「ストップ・アンド・ゴー政策」をとったのである。

ストップ・アンド・ゴー政策とは、ケインズ主義政策によるマクロ経済管理の方法である。すなわち、インフレが進み経常収支の悪化が見られるほど経済が過熱すると、公共支出の抑制および中央銀行による金利の引き上げなどの経済的引き締め政策が実施される(ストップ)。引き締め政策が効果を発揮して、インフレが鎮静化し、経常収支が改善されると、景気後退による失業率の上昇が問題として浮上する。そこで、景気の悪化と失業の増大を防止するため、公共支出の拡大と金利引き下げによる経済刺激策がとられる(ゴー)。

イギリス経済は、一九五〇年代から一九七〇年代にかけて繰り返されるこのサイクルによって、経済成長に足かせがはめられていくことになった。事実、後述するようにマクミラン政権期には、ストップ・アンド・ゴーの政策をめぐって保守党内にも政治的亀裂が生み出されていくことになる。

「豊かな社会」

二〇世紀初頭に本格的な工業化と大衆化の時代を迎えたアメリカでは、テイラー・システムと呼ばれる科学的な工場管理法が導入され、大量生産を可能にする効率的・画一的な工場システムが開発された。そうしたシステムは、先頭を切ったフォード社にちなんで、フォード主義(フォーディズム)と呼ばれた。

イギリスでは、それは「ブドー・システム」(導入した富豪シャルル・ブドーにちなむ)と呼ばれ、戦間期に導入されはじめた。その後、「フォード主義」は、大量生産・大量消費を基軸とする政治経済体制一般を指す概念に拡張されたが、一九五〇年代から一九七〇年代までの時期は、フォード主義的蓄積体制の「黄金時代」となり、大量生産・大量消費の文化が全面開花するにいたる。

完全雇用と福祉国家のもとで育った戦後のベビーブーム世代は、「豆の木」世代と呼ばれた。彼らは一〇代となり、その将来の見通しは、以前の世代と比べて良好なものとなっていた。責任を負うべき家族もなく多くの可処分所得をもっていた、この若き世代によって、ほぼ全体が

図6　スタンリー・マシューズ（1952年）Getty Images

労働者階級からなる巨大なマーケットが出現したのである。

こうした若者たちは、同世代の中産階級とは異なり、一〇代の半ばまでに賃金労働者となり、化粧品、タバコ、レコード、スクーターなどの生産に携わると同時に、それらの消費者となっていった。彼らにとって「飢餓の三〇年代」は、遠い過去のものとなっていた。ジョン・K・ガルブレイスの著書『豊かな社会』（一九五八年）の描く世界が出現したのである。

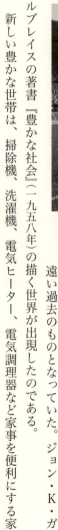

新しい豊かな世帯は、掃除機、洗濯機、電気ヒーター、電気調理器など家事を便利にする家庭用品を購入した。これらは広告産業によって演出され、支払いローンによって円滑化されていった。消費者支出は一九五二年から六四年のあいだに四五パーセント上昇し、そのなかでも最大のものは、タバコ、飲食費であった。また娯楽としての映画、テレビ、ラジオなども享受していった。

ただし映画産業の観客数は、一九四六年にピークを迎え、一九六二年には最盛期の四分の一にまで落ち込む。それは、一九四六年にBBCがテレビ放送を開始して、一九五六年にはテレビの保有世帯が五〇〇万を超えたことによる。とりわけ、一九五二年二月には国王ジョージ六世が死去し、五三年六月に女王エリザベス二世の戴冠式が挙行されるのを契機として、また一九五三年五月のサッカー英国選手権（FAカップ）決勝で伝説の名選手スタンリー・マシューズの活躍を見るために、テレビは普及していくことになった。

完全雇用と累進課税制度によって、肉体労働とホワイトカラー、熟練と不熟練とのあいだの所得の格差は縮小していった。戦前の貧困の原因となっていた多人数の子どもを抱えた世帯数は減少しており、一九五一年には社会学者シーボウム・ラウントリーによってヨークの社会調査がおこなわれたが、そこでは貧困問題がイギリス社会のなかで後景に退いたことを印象づける結果が示された。

一九五〇年代後半以降の社会調査によれば、労働者階級とホワイトカラーの双方にとって、社会的・文化的生活の中心が「労働」から「消費」へと移行していった。労働は、新しい住宅を取得する目的にとっての手段と考えられるようになった。大多数の男性労働者は、職場よりも家庭を交際と社交の場とし、家庭生活も変化した。

コミュニティ生活

かつて労働者階級は独自の新聞を読み、独自のラジオ番組に聴き入ったが、その内部はさらにジェンダー化されていた。男性は、パブと労働者クラブ、競馬などの賭け事、サッカーなどのスポーツに没頭し、女性たちは、お互いの家庭を訪れての茶会や、縫い物、女性雑誌などに夢中になった。

こうした伝統的なコミュニティのあり方に対して、一九五〇年代の社会変化は解体作用をもたらした。労働者階級の多くが、郊外に新設された公営住宅に移住したことによって、職住近接の一枚岩的なコミュニティの瓦解が始まり、とりわけ活動の拠点であった職場から男性を引き離していった。これによって、労働者階級の家庭は互いに孤立することになり、ラジオ、日曜大工、庭いじりなどの、かつては中産階級のものと見なされていた家庭を基盤とした文化にとって代わられるかに見えた。だが、公営住宅の住人となった人びとは、必要な施設や設備をみずからの手でつくりだし、新たなコミュニティを形成していった。

コミュニティでの社会生活は、ダンスホール、スポーツ・クラブ、組織的レジャーなどの娯楽によって満たされるものとなり、それらは、とくに労働者階級の居住区域やイングランド北部で発達していった。一九五〇年代は、こうしたコミュニティを基盤とした新たな社会的連帯と家族生活の頂点をなす時代となっていくのである。

戦後、労働党政権のもとで建設された公営住宅は、安らぎの空間を提供してくれた。だが、一九五〇年代の三期にわたる保守党政権は、コミュニティづくりから意図的に距離をとり始めた。保守党政権は、公営住宅は最も貧しい人びとを収容する場所であるという戦前の認識を復活させようとして、持ち家制度を熱心に促進していった。「賃貸」にせよ「持ち家」にせよ、新居の取得それ自体が、社会的上昇の重要な手段となり、伝統的な家族と近隣関係からの物理的・心理的な離脱分離をもたらした。持ち家所有、公営賃貸、共同居住という新しい保有形態が、社会的地位と差別化を象徴するものとして機能し、新たな社会層の形成を促進していったのである。

古い市内の居住地域でも、民間賃貸住宅に対する家賃統制が段階的に解除されるにしたがって、統制された家賃で暮らす「法定借家人」が立ち去り、不動産開発業者、持ち家購入者、「市場家賃」を支払う新世代の借家人がやってきた。この新たな居住者には、しばしば移民たちが含まれていた。一九四八年の国籍法は、コモンウェルスの市民権をあらゆる植民地にまで拡張したものであり、イギリスへの移住と就職や福祉へのアクセスにおける平等な権利を認めた。それ以降、カリブ海諸国やアジアからやってくる移民の数は、新たな製造業の労働力需要に支えられ急激に増加していった。カリブ海からの移民は、エンパイア・ウィンドラッシュ号が嚆矢とされた。

主として黒人の移民は、低廉な家賃の民間借家数が減小することによって、過密住宅や又貸しを強いられ、都市中心部での住宅危機の原因とされた。一九五七年、政府は家賃統制を撤廃し、こうした住宅と移民をめぐるせめぎ合いが、社会不安の潜在的な要因となっていった。一九五八年の夏、ロンドンのノッティングヒルでは人種暴動が発生したが、その原因は住宅不足にあった。また後述(第三章)する一九六八年のイーノック・パウエルの「血の河」演説を典型とするように、政治家たちによって人種差別が煽動され、人種関係が悪化していく場合があった。

2　帝国からヨーロッパへ

帝国の終焉

序章でも言及したように、チャーチルの「三つの輪」という外交構想は、一九五〇年代初頭の主要な政治家や官僚たちのものの考え方を集約するものであった。事実、チャーチルは一九五一年に政権に復帰したとき、海外におけるイギリスの使命をこの観点から強調していた。チャーチルが示した三つの外交政策の方向は、帝国とコモンウェルス、英米関係、ヨーロッパという優先順位であった。

しかし実際には、帝国はインドの独立などにより大きく衰退し、英米関係も難問をはらんでおり、ヨーロッパ統合にはチャーチル首相が強固に反対していた。続くイーデン内閣で外相となったハロルド・マクミランは、庶民院での最初の演説では「三つの輪」のメタファーを好んで引用したが、この三つの協力関係は、スエズ事件を転換点として瓦解していった。

スエズ運河は、イギリスにとって帝国の主要航路であり、英仏の合弁会社が開発して管理し、両政府が監督権を有していた。ところが、一九五六年七月、エジプト大統領に就任したばかりのナセルが運河会社を国有化すると宣言した。一〇月、イーデンはフランス、イスラエルと協力してシナイ半島に侵攻し、運河の奪回を試みた。だが、支持と協力を見込んでいたアメリカは国連を舞台に英仏両国の軍事行動を非難して、エジプトからの撤退を要求した。アメリカのアイゼンハウアー大統領は大統領選挙を控えており、軍事行動には慎重であった。ダレス国務長官はイーデンと会談して、外交的解決を訴えていた。

イーデンは、国際社会におけるイギリスの力を過信していた。逆に言えば、ドル依存の経済

図7　スエズ事件　Getty Images

とアメリカの影響力を過小評価していたのである。結局、イーデンは屈辱的な撤回というかたちで、一一月初頭に侵攻作戦を中止することになる。このスエズ事件(第二次中東戦争)は、イギリス帝国の終焉を予感させる出来事であり、イーデンはスエズをめぐる政策的失敗と健康の悪化のために政権を維持できなくなり、一九五七年一月、蔵相のマクミランが首相に就任することになった。

スエズ事件は、帝国分断のきっかけとなる。ナセルが与えた衝撃は、各地の反植民地独立闘争を刺激していったのである。フランスやベルギーなどが赤道アフリカにおける植民地放棄を進めると、イギリスもこれに従わざるをえなくなっていった。インドから手を引いたクレメント・アトリーの経験から学んだマクミランは、アフリカ諸国の独立に対しては平静を装って権力の委譲をおこなった。一九六〇年、マクミランはケープタウンでの南アフリカ議会で「変化の風」について語り、独立という変化を受け入れる発言をおこなった。

一九六〇年、アフリカの一六カ国が独立を達成して、そのなかにはアフリカ最大の人口を誇るナイジェリアなども含まれていた。一九五七年にガーナは、コモンウェルス（英連邦）最初の黒人共和国となった。ケニアからボツワナにいたる東アフリカ各国がこれに続いた。一九五三年に中央アフリカ連盟が創設されたが、ローデシア問題（八五頁参照）はイギリスにとっての頭痛の種となっていった。

「変化の風」の演説は、アパルトヘイト政策を続ける南アフリカに対する姿勢を示すことを意図したものでもあった。これに対して、南アフリカ政府はイギリスからの自立化傾向を進め、一九六〇年一〇月には国民投票を実施して、イギリス国王への忠誠をやめて、共和国に移行することを決定する。南アフリカ政府が共和国に移行したあともコモンウェルスへの残留を求めたことで、イギリスはさらに大きな困難に直面した。南アフリカは、コモンウェルス創設（一九三一年）以来の加盟国であり、マクミランは残留を確保しようとした。しかし、アジア・アフリカ諸国やカナダがアパルトヘイトを批判して、一九六一年五月に南アフリカはコモンウェルスから脱退する。

ヨーロッパ統合

さきにもふれたように、チャーチルは理念としては「ヨーロッパ統合」を掲げたが、イギリスがその「ヨーロッパ連邦にとって不可欠な部分」となる可能性を排除していた。ヨーロッパ大陸では統合に向けての確実な流れがあり、フランスが提案したシューマン・プランに基づく欧州石炭鉄鋼共同体(ECSC)の設立を決めたパリ条約が一九五一年四月に調印されたが、イギリスは石炭鉄鋼共同体への加盟を辞退した。石炭鉄鋼共同体は、加盟した六カ国(フランス・西ドイツ・イタリア・オランダ・ベルギー・ルクセンブルク)を軸に、今日の欧州連合(EU)にまでつながるヨーロッパ統合の起点となった。

一九五五年に加盟六カ国がイタリアのシチリア島の港町メッシーナで会合を開き、より広範な経済統合を求めて話し合いを始めたときも、イギリスは商務省の役人をオブザーヴァーとして派遣しただけであった。一九五七年にはローマ条約が締結され、翌年、欧州原子力共同体とともに欧州経済共同体(EEC)を成立させる。

イギリスはこれに対抗すべく、一九六〇年に六カ国(オーストリア・スウェーデン・スイス・デンマーク・ノルウェー・ポルトガル)とともに欧州自由貿易連合(EFTA)を設立したが、その目的はEEC諸国の政治的および経済的影響力を抑制することだった。だが、EEC諸国はイギリスよりも高い経済成長を達成し、イギリスの貿易も現実には、コモンウェルスやEFTA諸国よりもEEC諸国との関係が強化されていった。マクミランは、ヨーロッパ統合がフランス主導で進められている事態にも懸念していたが、方針を変更し、EEC加盟を果たしてその主導権を握り、ヨーロッパの結合を強化しようとした。一九六一年八月一〇日には、正式に加盟申請をするにいたる。それは、第二次世界大戦後のイギリス外交政策でも最大の歴史的転換点となった。

以上のように、一九五〇年代のイギリス外交では、チャーチルとイーデンに代表される時代が終わり、世界の大国としてのイギリスが崩れ落ちていった。ヨーロッパ大陸ではフランスがEECの成立に向けて主導権を発揮し、イーデンはヨーロッパから距離を置いてきた。アメリカと対立し、帝国を失い、ヨーロッパから乖離するなかで、イギリスは外交的に孤立していった。

帝国各地で脱植民地化が進行し、コモンウェルスの伝統的な紐帯も大きく揺らぐなかで、もはや帝国・コモンウェルスに依拠した対外政策を維持することも難しくなっていた。政治的影響力を維持するために、さまざまな試行錯誤がおこなわれたが、結果的にマクミラン政権はヨーロッパ統合に接近する動きをとっていく。ただし、イギリスの加盟が実現するのは、一九六七年にＥＥＣが欧州共同体（ＥＣ）へと拡大したのち、一九七二年のことである。イギリスは、国際社会における新たなアイデンティティを求める彷徨を続けていくことになる。

3 「豊かさ」の政治経済学

「スーパー・マック」

マクミランによる「かつてこんなに良い時代はなかった」という一九五七年七月の発言は、一九五〇年代の経済的繁栄を誇ったものであった。それは、戦後の統制経済から解放されて、資本主義経済が個人消費の水準を向上させ、保守党政権を維持するための労働者階級の支持を獲得することができるという自負であった。その自信に満ちたマクミランの姿は、政治漫画家ヴィッキーによって描かれた「スーパー・マック」と重ね合わされるようになる。事実、一九五〇年代の保守党は総選挙で三回続けての勝利を手にすることになった。

しかし統計資料のなかには、すでに衰退の徴候を発見することができる。イギリス経済の未曽有の拡大を示す資料は、同時に他国が急速に成長していることを示しており、特にフランス、西ドイツ、イタリアなどの西ヨーロッパ諸国の成長が著しかった。ＧＤＰの総額ではイギリスの優位性は揺るがなかったとしても、相対的な意味での衰退は明らかであった。ここから、いわゆる「衰退」論が登場してくることになった。

このような衰退論は、一九五〇年代後半の文脈では、二大政党間の政策論争、とりわけ労働党が保守党による政策運営の「失敗」をほかのヨーロッパ諸国と対比させて論じたことによって白熱していった。一九五〇年代後半には経済成長率が鈍化したことで、保守党は守勢に立たされた。

イギリスが戦争国家であるために国内の消費支出が抑制されていることは、広く認知されているところであり、それを打開するために軍事費を削減する努力が試みられ、それは一九五七年の『国防白書』に結実していく。この『白書』は、通常兵器の開発や生産に投入する経済的資源を削減して、それらを生活水準の向上に用いることができるように、核兵器を中心とする戦略へと大きくシフトしたものであった。核兵器が大砲に取って代わり、バターのために資源を生み出すことができるという論理である。

一九五九年総選挙で再び勝利したマクミランは、政治的基盤を強化した。しかし、選挙前に積極的な景気刺激策をとったために過熱した経済を鎮静化するという課題を突き付けられ、大蔵大臣デリック・エイモリーはストップ政策を採用する。一九六一年夏になると、国際収支の悪化にポンド流出が加わって事態は深刻化していった。

マクミラン政権は、公定歩合を引き上げ、物品税などの税率を上げ、公共支出を削減して、さらに国際通貨基金(IMF)からの借款を受けるという措置を講じて、ポンドの流出をようやく食い止めた。しかし、インフレ抑制策のための賃金凍結策は労働組合の反発を受け、一九六二年七月に蔵相を再度更迭した。新蔵相レジナルド・モードリングは、ゴー政策を打ち出したが、国際収支の悪化を招いた。このようにして、マクミラン政権は、ストップ・アンド・ゴー政策の隘路から脱することができなかった。一九六〇年代になると、経済の近代化政策として計画化を推進する動きも見られるようになっていく。

「修正主義」の台頭

一九五一年に政権を離れた労働党も、「豊かな社会」に対応した政治を求められることになった。一九五五年にアトリーが党首を退くと、ゲイツケルが党首に選出された。党内では、アトリーの態度を継承したゲイツケルを中心とする右派と、ソヴィエト体制を模範と見なし統制経済や国有化といった社会主義的な路線をとるアナイリン・ベヴァンら左派とのあいだで、対立が繰り返されていった。

労働党内の右派の立場から、アンソニー・クロスランドは『社会主義の未来』（一九五七年）を著して、豊かになった労働者たちからの支持を保守党と競い合うための政策的展望を示した。これは、社会主義をさらなる国有化の手段とみなすのではなく、統制された混合経済の成長を通じて社会的平等を推進していくという戦略を描いたものである。クロスランドの著作は、党内ではゲイツケル派にとっての必読文献となっていったが、左派から受け入れられることはなかった。

労働党は、核兵器をめぐっても党内対立を抱えていた。核軍縮をめぐる問題は、労働党のアイデンティティをめぐる左右両派の幅広い闘争と不可分のものとなった。左派は、一九五〇年代初頭にドイツの再軍備に反対して、五〇年代後半には一方的核兵器廃止という戦術をとった。

一九五九年の労働党大会では、総選挙の敗北後にあって、ゲイツケルは、党綱領の第四条を修正するという提案をおこなった。この第四条は、戦後の国有化政策に見られたように共同所有（公有）という労働党の根本原理を規定したものである。同年西ドイツでは、社会民主党がバートゴーデスベルクでの党大会で同じような綱領の改正をおこなっていた。

しかし、この国有化条項をめぐる「修正主義」的提案は受け入れられることなく葬り去られ、ゲイツケルに反発する左派の労働組合や選挙区党員は、一九六〇年党大会で一方的核軍縮の動

図8 CNDによるオールダーマストン行進(1958年4月7日) Getty Images

議を通過させることに成功し、労働党内部の左右両派の亀裂を深めていった。

こうした労働党の左右の対立には、ニューレフトの台頭も関連している。一九五六年のスターリン批判とハンガリー事件のあと、知識人の共産党からの大量脱退が「ニューレフト(New Left)」の誕生をもたらしたのである。ニューレフトは、最初に核兵器廃絶運動(CND)にその政治的表現を見出した。CNDは政党政治の枠外で行動する圧力団体として登場し、バートランド・ラッセルやジョン・オズボーンのような著名人や政治家たちに支持された。

一九五八年の復活祭には、ロンドンからイギリス軍の兵器研究本部のあるバークシャーのオールダーマストンまで行進がおこなわれ、翌年には、そこからトラファルガー広場まで厖大な数の人びとが行進して、世論に大きな衝撃を与えた。CNDの活動は、子どもや女性をはじめ、誰でも参加できる平和主義的で祝祭的な形態でおこなわれ、そのロゴはバッジやプラカードなどを通じて反核運動を馴染み深いものにしていった。

怒れる若者たち

一九五〇年代後半にニューレフトの台頭を促した背景としては、以上のようにスターリン批判やCNDの展開があげられるが、さらに新たな若者文化が台頭してきたことも指摘できよう。「二つの文化」論争として序章で示したように、一九五〇年代のイギリス文化は、依然としてエリートを中心として論じられていた。だが、イギリスを代表する文化批評家であるレイモンド・ウィリアムズによれば、高級芸術や思想からなるエスタブリッシュメントのエリート文化とは異なる労働者階級の文化が存在した。この労働者階級の文化は、確固として確立され、中産階級とは明確に分離された内向的な文化であった。だが、一九五〇年代後半には、ときに階級格差の消失と見なされることもある、二つの文化現象が観察できるようになった。

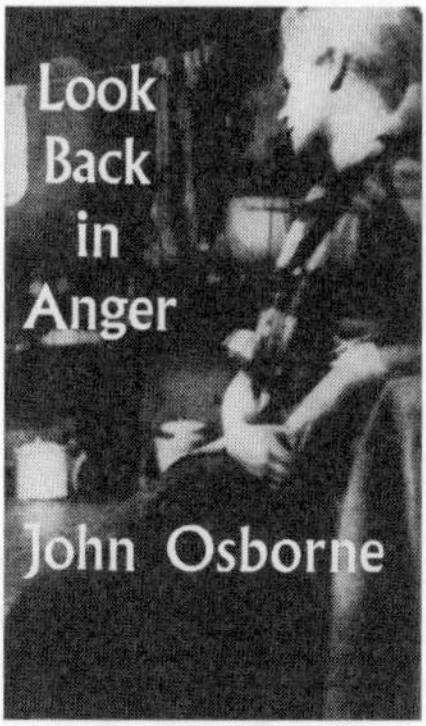

図9　オズボーン『怒りを込めて振り返れ』(1956年)

ひとつは、エリートが占有してきた文化の場に、労働者階級が登場したことである。その代表的作品、オズボーンの戯曲『怒りを込めて振り返れ』(一九五六年)は、下層中産階級ないしは労働者階級出身のジミー・ポーターと、その妻で上流中産階級出身のアリスンの日常を描いている。オズボーンの戯曲は、上流階級の抑圧的な社会慣行に対して、労働者階級の視点から異議申し立てをするものであった。それと同時に、かつてスペイン市民戦争が一九三〇年代の若者に対して提供したような「道徳的大義」というものを、「豊かな社会」が奪ってしまっているという批判も、この戯曲には込められていた。

一九五七年には、ジョン・ブレインの小説『年上の女』が出版され、戦後のイギリスで上層への社会的移動のロマンスを求める北部労働者階級の若者を描き、ベストセラーとなった。一九五八年に出版されたアラン・シリトーの小説『土曜の夜と日曜の朝』は、ノッティンガムの工場労働者が味わった平日での労働の疎外経験と酒とセックスに浸る週末の生活を対照的に描いている。シリトーの代表作となる同年の『長距離ランナーの孤独』は、孤児院育ちの主人公が権威に反発するという物語であった。

さらに同年には、シーラ・ディラニエの戯曲『蜜の味』が、ロンドンで大ヒットした。この劇は、労働者階級の一〇代の少女ジョーが家を離れ、黒人の船乗りと短期間の関係をもち、妊娠していることに気付くという話である。これらの作品に共通するのは、北部出身の若い労働者階級の男女が直面する日常的な問題を描き出したことであった。

もうひとつは、アメリカ化という現象であった。「豊かさ」の増進によって伝統的な労働者階級の文化が崩壊し、さらにエリート文化による教導の試みが失敗することで生じた文化的な「空白地帯」に、商業化されたアメリカ文化が急激に浸透していったというのである。

批評家リチャード・ホガートは、一九五七年に労働者階級についてのルポルタージュ的な作品である『読み書き能力の効用』を刊行したが、そこにおいては、テレビ、コカ・コーラ、漫画本、ロックンロールなどのアメリカの商業文化によってイギリスの労働者階級文化が侵食されていることへの懸念が表明されていた。ホガート自身は、リーズの労働者階級地区で育ち、グラマー・スクールで教育を受けた存在であるが、この作品では民衆文化のアメリカ化と民衆文化の喪失とが同義のものとして捉えられ、失われつつある労働者階級文化への感傷的な態度を表現していた。

こうした労働者階級文化は、一九六〇年代になるとさらに大きくスウィングすることになる。躍動する一九六〇年代、躍動するロンドンの文化の登場である。

第 3 章

文化革命の時代

—1960 年代—

ビートルズとウィルソン首相(1964 年 3 月 19 日) Getty Images

1 文化革命

民衆的個人主義

イギリスの歴史家アーサー・マーヴィックによれば、一九五五年から一九七四年までの「長期の六〇年代」には「文化革命」が進行したという。それは、イギリスの社会や文化における伝統的な境界線や階層秩序が、あらゆる分野で揺らぎをみせ、権威を著しく低下させていった時代であるとされる。

その背景としては、いくつかの要因が考えられる。ひとつは、制度化された宗教が衰退して世俗化が進行するにつれ、消費主義が蔓延していったことである。一九五〇年代はプロテスタントとカトリック双方で全国規模の礼拝参加者の増加が見られたが、一九六〇年代は「キリスト教の死」とも呼ばれる教会離れの現象が起こった。最近の研究では、それは世俗化一般というよりも、宗教的行事を支えてきた女性の社会的役割と自己イメージの変化に由来することが指摘されている。

もうひとつの要因は、後述する「寛容なる社会」という表現に見られるように、体制側の支配エリートも「文化革命」を容認していったことにある。こうした教会や国家による伝統的な道徳や日常生活に対する規制力が弱まるなかで、その間隙を縫うかのように新たな主体が形成されていくことになる。「民衆的個人主義(popular individualism)」と呼ばれる傾向が進展していったのである。

一九五〇年代の終わりから一九七〇年代の初めにかけての「文化革命」では、労働者階級が主要な役割を果たした。そこでは、若い賃金労働者が重要な消費者として登場しつつあり、彼／彼女らを消費の主体として設定するマーケティングがおこなわれた。前章でも論じたように、一九五〇年代には、イギリスの家庭にテレビが備えられるようになり、また公営住宅が多くの人びとの憧れの的となっていた。だが、労働者階級の人びとの大半が「豊かさ」を実際に経験したのは一九六〇年代だった。

一九六〇年末には、公営住宅への入居が現実のものとなり住宅の過密状態は緩和され、労働者階級の若者たちは親の家から自立して自分の家で生活を始め、調理コンロ、冷蔵庫、二槽式洗濯機などを豊かさの果実として保有できるようになった。労働者の所得は上昇し、一九六〇年から一九七〇年のあいだにホワイトカラー労働者と肉体労働者の賃金はともに倍増した。

また、この「文化革命」では、労働者階級出身にもかかわらず大学への進学を果たし社会的階梯を上昇した人びと(有機的知識人＝民衆と結合した知識人)が中心的な役割を果たした。この時代は労働者階級であることが流行であり、自信にあふれる若者たちは競って自分たちが労働者階級であることを示そうとしていた。

北部出身の反権威的な俳優(アルバート・フィニー、トム・コートニー)、新進気鋭のファッション・デザイナー(マリー・クワント)、サッカーの若きスター(ジョージ・ベスト)。こうした戦後世代の「労働者階級の英雄」たちのイメージは、社会的上昇を果たした少数の作家(アラン・シリトー)、ジャーナリスト、映画監督(トニー・リチャードソン)、テレビ業界の人びとによって「偶像」として構築され、何千、何万という視聴者・読者に届けられることになった。労働者階級の出身であることは、勤勉であり、革新的であり、みずからの力で成功したことを意味しており、豊かで実力主義的な社会の象徴だったのである。

躍動するロンドン

社会的階梯を上昇していく労働者階級のエネルギーが、「文化」という領域に流入したことには、いくつかの理由があった。

戦後イギリスの教育システムのなかで、中等教育の選抜試験「イレヴン・プラス」(第一章参照)に失敗したり、グラマー・スクールを中退したりした者たちに開かれた数少ない高等教育の機会が、ロンドンの「アート・カレッジ」だった。そこでは地方出身の若い労働者階級がロンドンの高級文化に接するようになり、エリート文化の様式と労働者階級のエネルギーが結合される独特の空間になった。

文化革命は、リヴァプールのポピュラー音楽文化「マージー・ビート」などの例外もあるが、相対的にみれば地方には浸透していかなかった。ロンドンは、対抗文化《カウンター・カルチャー》による異議申し立てにとっての唯一ともいえる特権的な空間を提供し、国内やグローバルな規模で文化が融合していく場となった。一九五〇年代にリチャード・ホガートによってアメリカ化を懸念されたイギリスの民衆文化は、アメリカ流の大衆文化をイギリス的なものに作り替えて、アメリカへと再輸出されたのであった。

一九六〇年代になると、労働者階級の暮らしぶりは映画にも描かれるようになる。一九五〇年代から労働者階級を主題とする小説や演劇が映画化されて成功を収め、フランスの「ヌーヴェル・ヴァーグ」とならび称されるイギリス映画の「ニューウェーブ(British New Wave)」が展開していった。それらは「キッチン・シンク・リアリズム」と呼ばれる社会派が主流であり、映画版『年上の女』(一九五九年、ジャック・クレイトン監督)は階級制度に対する批評に鋭い切れ味を加え、それまでのイギリス映画に欠落していたセックスの描写を取り入れた。シリトーの『土曜の夜と日曜の朝』はアルバート・フィニーの主演で(一九六〇年、カレル・ライス監督)、また『長距離ランナーの孤独』はトム・コートニーの主演で(一九六二年、トニー・リチャードソン監督)映画化された。ふたりは労働者階級出身で高等教育を受けた世代であり、王立演劇アカデミーの先輩後輩の関係であった。ニューウェーブの旗手である映画監督のトニー・リチャードソンは、こうした労働者階級出身の俳優を好んで抜擢した。

ポピュラー音楽の領域でもっとも成功を収めたのが、ビートルズであった。ジョン・レノンは、リヴァプールではよく知られたグラマー・スクールでポール・マッカートニーと出会った。彼らの出自は、どちらかといえば下層の中産階級といったほうが正確だが、メディアは「労働者階級の英雄」として積極的に描き出した。

彼らの音楽は、奴隷貿易の過去をもち大西洋世界に開かれ、またアイルランドやスコットランドなどに近接しており、アメリカのリズム・アンド・ブルースやケルトのフォークソングが流入してくる文化の接触地帯である、リヴァプールという港町の産物だった。「イエスタディ」「ミシェル」といったバラードソングから「バック・イン・ザ・USSR」「ヘルター・スケルター」などのハードロックにいたる彼らの幅広いジャンルは、こうした文化的背景と関連している。

また『サージェント・ペパーズ・ロンリー・ハーツ・クラブ・バンド』(一九六七年)や『アビー・ロード』(一九六九年)といったアルバムは、世界的な規模で広範な若い世代の消費者によって購入され、一〇〇〇万枚を超える当時としては破格のセールスを記録していった。

ファッションにおいては、ロンドンの高級街リージェント・ストリートを横に入ったカーナビー・ストリートが、世界的な若者文化の発信地となった。一九六〇年代後半のミニスカートは、戦後直後のロングスカートへの反発であるかのように、腿まで裾を引き上げた。

図10　ツィッギー(1966年) Getty Images

このミニスカートを流行らせたマリー・クワントは、ウェールズの炭鉱村出身の両親をもち、ロンドンのゴールドスミス・カレッジ・オブ・アートに奨学生として通った経歴をもつ。モデルのツィッギーは、ミニスカートのアイコン（偶像）となった。男性も女性も、デニムと大胆な花柄を用いたファッションを基調にしていた。長髪とジーンズの若者たちは、男女の区別がつかなくなったのみならず、どのような出自の若者も同じように見え始め、少なくとも表面上は互いに親近感を抱き始めたのである。

政治の季節

社会の伝統的な階層秩序に対する異議申し立ては、新しい形態の思想と政治的抗議が登場することによって、いっそう進展していった。一九六八年までには、ニューレフトの第二世代が登場して、そこでは学生たちが文化の主役となっていった。一九六八年の学生の直接的行動（座り込み、占拠、ストライキ）は、ロンドン、エセックス、バーミンガムなどの大学で盛んになり、プラカードに横断幕、シュプレヒコールや拡声器が、キャンパスの日常風景となっていた。

このスチューデント・パワーを引き起こした決定的な要因をあげれば、ひとつはヴェトナム戦争であり、それは、核兵器廃絶運動（CND）の流れを引きながら、第三世界と連帯する反帝国主義運動として展開された。もうひとつは国内の高等教育への不満であり、急激な学生数の増加による教育環境の悪化、大学の教員スタッフ内部での官僚主義の蔓延、労働者階級出身の学生や女子学生への差別などが問題となっていた。

反権威主義的運動は、一九六〇年代末から一九七〇年代にかけて、マルクス主義、新しい生活様式を掲げる急進主義、反人種差別主義、反同性愛差別運動、反貧困運動などの形態をとって展開して、それが政府の「寛容なる社会」政策と結びついて法制度に結実していくものもあった。だが、そのなかでも決定的であったのは、女性解放運動(Women's Liberation Movement)であった。

一九六六年、ジュリエット・ミッチェルは、『女性　最も長い革命』を執筆して、家族の抑圧的構造を指弾した。女性解放運動は、一九六〇年代の妊娠中絶、ピル解禁などの寛容立法で、女性の生殖をめぐる自己決定権を拡大してきたが、女性たちは一九七〇年にオクスフォード大学のラスキン・カレッジ(成人学校)で女性解放運動の全国大会を開催するにいたる。そこでは、同一労働同一賃金、教育と雇用機会の平等、無料の避妊薬と中絶の自由、二四時間保育などの社会的諸権利を求める決議案が採択されたのであった。一九七〇年代は、女性解放運動の頂点をなす時期となり、イギリス・フェミニズム運動の黄金時代を経験することになる。

2　近代化戦略

科学革命

一九六三年、ゲイツケルの急死を受けて労働党党首となったハロルド・ウィルソンは、北部ハダースフィールドの工場の化学者の息子であり、グラマー・スクールで教育を受けて学問の世界で成功を収め、その後政治の世界に参入した。彼のこうした経歴は、労働党が強調していた戦後の実力主義社会のイメージに適合するものであった。一九六〇年代の保守党党首で貴族のアレック・ダグラス＝ヒュームとは、好対照をなす人物として描かれるようになったのである。

ウィルソンは、オクスフォード大学の研究員という地位にまで昇りつめたが、そのキャリアをあまり目立たないようにして、あえて「ハダースフィールドの化学者の息子」という庶民性をもたせたイメージに執着した。それは彼が訴えかけようとしていた選挙民にとって、親近感を抱かせる、かつ彼らのニーズに適合したものだったからである。

一九六〇年代の総選挙で保守党に勝利するために労働党が必要としたのは、工場労働者、事務職の人びと、教師、下級公務員、看護師、技師などの専門職でも給与水準の低い人びとであった。彼／彼女らは、戦後福祉国家体制のもとで社会的上昇を果たした「豊かな労働者」であり、文化を通じて労働者階級としてのアイデンティティをもっていたが、政治的利害の面では階級としての凝集力を喪失したと見られていた。

同時代の社会学者ジョン・ゴールドソープの研究によれば、「新たな中産階級」と見られていた集団は、保守党の「かつてこんなに良い時代はなかった」という自画自賛の言説とは裏腹に、賃金の凍結や物価の上昇などによって生活不安を覚えていた。一九六三年の労働党大会で、ウィルソンは、若い賃金労働者、ホワイトカラー労働者、女性労働者たちがもつ不安と希望に語りかけ、教育と科学における「革命」から利益を享受し、機会の平等をもたらす新しいイギリス像を提示した。いわゆる「白熱」の演説である。

一九六四年の総選挙は、ウィルソンの率いる労働党がイギリス社会の近代化を掲げて勝利を収める。一九六〇年代初頭のイギリスにおいては、ストップ・アンド・ゴー政策に対する批判の高まりがあった。繰り返されるストップ・アンド・ゴーによる経済環境の変化が経済成長の阻害要因となり、停滞がもたらされていたというのである。ウィルソンは、経済衰退に歯止めをかけて近代化プロジェクトを推進するという公約を掲げて、戦後福祉国家のもとで登場してきた新たな中産階級／労働者階級の期待を担って首相に就任した。

ウィルソン政権による経済の近代化プロジェクトにおいて中心的役割を果たしたのが、「全国計画(National Plan)」であった。一九六四年の総選挙において労働党は、この「全国計画」によって科学技術資源を有効に活用して、新しいイギリスを創造するという公約を掲げて期待を集めた。この「科学技術の白熱」を通じてイギリスを刷新するという主張は、時代の精神をよく捉えた表現であった。

寛容なる社会

ウィルソンの目指した近代化は、経済の面にとどまらなかった。社会の面での近代化をも推進していったのである。一九六〇年代のイギリスは、「寛容なる社会(permissive society)」と呼ばれる。一九五〇年代以降、生活水準の向上により、伝統的な社会規範に基づく束縛が弛緩して、寛容なる社会の政策が促進されていった。事実、ウィルソン政権期には、自由主義的価値をもった一連の政策が実施されていった。

これを担ったのが、「史上もっとも自由主義的な内務大臣」と呼ばれたロイ・ジェンキンズであった。ウェールズ出身でグラマー・スクールからオクスフォードに進学したジェンキンズは、生粋のリベラルな考えの持ち主であり、平議員の時代に「猥褻文書出版法」(一九五九年)の議会通過を成し遂げていた。一九六〇年代後半には、妊娠中絶合法化(一九六七年)、男性同性愛の合法化(一九六七年)、選挙権取得年齢の一八歳への引き下げ(一九六九年)、死刑制度の廃止(一九六九年)、離婚手続きの簡素化(一九六九年)などの一連の寛容立法が続くことになった。

中等教育の改革は、論争を呼ぶところとなった。公立学校での中等教育では、一一歳時点での選抜試験「イレヴン・プラス」によって、生徒たちは三つの進路からの選択を迫られることになっていたことはすでに述べた。しかし、このような進路の選別が社会的流動性を阻害していると考えられるようになる。ウィルソン政権では、教育に関する機会の平等を確保するために、一一歳時点での選抜試験をおこなわず、学力の異なる児童がともに学ぶ学校として総合中等学校(コンプリヘンシブ・スクール)が積極的に導入されることになった。他方で、教育内容にも変化が見られた。読み書き計算能力を重視する伝統的教育法とは異なり、学習意欲の向上を狙いとする進歩的教育法が広まった。これらの改革には、階級間の障壁をな

表4 「寛容政策」年表

1959 年	猥褻文書出版許可
1967 年	家族計画法が避妊アドヴァイス
	妊娠中絶合法化
	男性同性愛合法化
1968 年	演劇の検閲制度廃止
1969 年	選挙権取得年齢引き下げ
	死刑制度廃止
	離婚手続きの簡素化

くし社会的流動性を高めることが期待されていたのである。

中等教育の変化に対応して、高等教育も整備されていった。二〇世紀のはじめにはイギリスの大学生は二万人程度で、その三分の一はオクスブリッジ（オクスフォード大学とケンブリッジ大学）の学生だった。戦後は奨学金制度の充実のおかげで、大学生の割合は年齢層の二パーセントを超え、一九六二年には四パーセントに上昇、大学の数も三〇となったが、国際的水準から見れば、高等教育修了者の割合は低かった。

一九六三年に経済学者のライオネル・ロビンズが高等教育に関して提出した報告書は、大学の拡張を約束するものだった。一九六〇年代には、サセックス、ヨーク、エセックス、ウォーリックなどで大学が新設されたが、これらの大学は中世に設立された伝統的なオクスブリッジや、一九世紀に非国教徒の働きかけで設立されたロンドン大学、一九世紀後半にイングランド北部産業都市で設立されたマンチェスター、バーミンガム、リーズといった「赤レンガ大学」に対して、現代的なガラス張りの外観をもつ「プレートガラス大学」と呼ばれている。このようにして、学生の総数は一九七〇年までに倍増して約二三万人となり、さらに一九九〇年には約三七万人となった。

軸足をヨーロッパへ

ウィルソン政権期の外交政策は、「三つの輪」が英米関係とヨーロッパを重視する「二つの輪」にシフトするなかでなされた。帝国やコモンウェルスとの関係においては、まずローデシア問題に直面した。南ローデシアは人種差別政策をとる白人政権の存在により、イギリスの植民地からの独立を認められていなかった。ウィルソン政権は、黒人差別を撤廃したうえでの独立を認める道を模索したが、一九六五年一一月にローデシアは一方的に共和国として独立宣言をおこなった。強硬な制裁手段もとられず、コモンウェルスの指導者たるイギリスの威信の低下が明らかとなった。また、スエズ以東地域の軍事力の展開がもたらす経済的負担が大きな問題として浮上して、一九六八年にはスエズ以東からの一九七一年までの撤退が決定された。

ウィルソンの構想は、欧州経済共同体（EEC）を中心とするヨーロッパ統合と、北大西洋条約機構（NATO）に代表される大西洋同盟とを両立させることにあった。ウィルソンは、一九六七年初頭に親ヨーロッパ派のジョージ・ブラウン外相とともにEEC加盟国を歴訪して、各国の反応をうかがった。一九六七年五月に庶民院で加盟申請を発表したが、ここでフランスのシャルル・ドゴール大統領が強固に反対した。ドゴールは、保守党マクミラン政権時代の第一次加盟申請時（第二章参照）にもイギリスの加盟に反対していたが、国際通貨としてのポンドの役割、アメリカとの密接な関係がEECに与える悪影響などを外交上の問題として指摘し、イギリスの加盟申請を拒否する考えを明確にした。こうして、ドゴールによる事実上の拒否権行使によって、ウィルソン政権による第二次加盟申請も挫折することになったのである。この年、EECは欧州共同体（EC）へと拡大していた。

こうしたイギリスの国際的地位の変化にともない、「四つ目の輪」である連合王国内部でも地域ナショナリズム政党の台頭の萌芽が見られた。スコットランドでは、一九六七年一一月の庶民院補欠選挙において、スコットランド国民党（SNP）が労働党の支持基盤であったグラスゴー近郊の選挙区で議席を獲得した。ウェールズでは、ウェールズ国民党が一九六六年七月の補欠選挙で労働党から議席を奪った。ウィルソン首相は独立委員会を立ちあげ、スコットランドおよびウェールズにおける自治を検討することになった。

他方、北アイルランドでは、連合王国への帰属を求めるプロテスタント（ユニオニスト）と、アイルランドとの統合をめざすカトリック（ナショナリスト）との宗派対立が深刻化していった。多数派のプロテスタントによる統治のもと、カトリックに対する差別が続いてきたが、一九六〇年代後半からアメリカの公民権運動に刺激を受けた不平等是正運動が活発化し、またアイルランド島の南北分断を乗り越えて統一を目指すアイルランド・ナショナリズムも高揚した。この対立は、一九六九年八月に頂点を迎え、双方に死者を出すにいたる。

3　「衰退」と「進歩」のあいだで

ポンド危機

ウィルソンは政権発足後の早い段階から、側近たちと内密にポンド切り下げを否定する決断を下すことになる。ポンド切り下げが議論されていた背景には、恒常的な経常収支の赤字という問題があった。赤字の元凶としては、いくつかの要因が取りざたされていた。

そのひとつは貿易収支であると考えられた。たしかに、輸入が輸出を上回る傾向も見られたものの、これらは海運業、金融業、対外投資からの収益で埋め合わされていた。経常収支の赤字の根本原因とされたのは、政府部門の赤字であり、その原因となったのが海外における多額の軍事支出であった。

ポンド防衛の決定は、労働党政権の経済運営能力に関わる問題であり、死活問題となった。だが、対策として実施されたのは、輸入課徴金の導入を通じての輸入統制であり、輸出奨励金による輸出の拡大であった。

一九六六年三月の総選挙で労働党は安定多数を獲得したが、五月に船員ストライキを契機としてポンドの信用が揺らぐと、ウィルソンはポンド防衛を目的として空前のデフレ政策、いわゆる「七月対策」を実行した。その内容は、増税と財政支出の削減、金利の引き上げ、物価および所得の六カ月凍結という引き締め政策であった。これによって、経済成長を前提とした「全国計画」は空洞化して実質的に破綻していく。対外的な信用としてのポンドを防衛するために、国内の経済成長と雇用を犠牲にすることになったのである。

ポンド危機は七月対策で一時的に鎮静化したが、一九六七年二月には第三次中東戦争勃発を契機として、ふたたびポンド危機が深刻化することになった。大蔵省ならびにイングランド銀行は、ポンド切り下げもやむなしと判断し、一九六七年一一月、ウィルソン政権は結局ポンドの切り下げを発表した。これはウィルソン政権にとっての「敗北」であり、この経済的「敗戦」によってポンドの通貨価値と国家の威信は動揺していくことになる。

他方で、一九六八年以降、イギリスの製造業は海外との競争に直面して経済成長は減速していった。一九五〇年代のイギリスは、戦争による直接的被害がもっとも少ないヨーロッパの国のひとつとして利益を享受していた。しかし、一九六〇年代の終わりまでには戦後復興を遂げた西ドイツや日本などの工業国が、自動車産業、エンジニアリング、電子工学などの産業分野で強力な競争相手国となっていった。

たしかに、序章で経済史家のトムリンスンの解釈を紹介したように、こうした産業の衰退という認識は、後進国のキャッチアップ過程のなかで生じた相対的なものであったのかもしれない。だが、前世紀に「世界の工場」と「パクスブリタニカ」の繁栄を謳歌した帝国イギリスにとって、それは、「英国病」という根絶しなければならない病理現象として、一九七〇年代になると同時代人の心象風景に深く浸透していくことになる。

山猫スト

ウィルソン労働党政権の近代化戦略は、「白熱」の技術革新によって平等な世界を創出しようとする試みであった。だが、それが実現できないとわかったときに、一九六〇年代末の労働者たちはみずからの力でそれを実現しようと試みた。政府がコストプッシュによるインフレを制御するために、賃金上昇を抑制する所得政策を採用しようとしたからである。一九六五年から一九七〇年にかけて、肉体労働者は戦後最長の継続的な賃金上昇を享受して、事務職の労働者も収入が増加していった。

しかし、これは自然に与えられたわけではなく、ストライキという実力行使によって獲得されたものであった。この時代は「労働組合が闘い始めた時代」でもあった。労働組合の加入者は一九六〇年には一〇〇〇万人であったが、一九七九年までには一三〇〇万人に増加しており、加入率は一九六〇年代初頭の四四パーセントから、一九七〇年代の終わりには五五パーセントへと上昇した。

一九六〇年代の終わりから一九七〇年代初頭のストライキは、非公式のものが多かった。それらは労働組合の指導者に統率されていたわけではなく、「職場代表委員」(ショップ・スチュアード)を通じて仕事の現場で始まり、若い労働者たちがそれに加わり、そのなかには組合員でないものも含まれていた。労働者たちは、労働者階級の集団的自治を求める伝統的な労働運動の要求と、ポップ・ミュージックやファッションや公民権運動などで促進された個人の自立や自己表現という一九六〇年代の理想とを融合させたのである。彼らは、自分たちの生き方をみずから決定する力をもつことを権利とした。その権利を手にすることは、先例のないレベルの生産過程と賃金に対する統制力を労働者がもつことを意味していた。こうしたストライキは「山猫スト(Wildcat Strike)」と呼ばれたが、その多くは自動車工場が発火点となった。

ストライキには、男性熟練労働者だけではなく女性や移民の労働者も参加した。一九六八年、フォードのダゲナム工場で働くミシン工の女性たちは、男女の賃金の平等を要求してストライキに立ち上がった。フォードのミシン工の女性たちの闘いは、雇用主や労働組合幹部から差別され未組織状態のまま放置されてきた過去との根本的な断絶を意味していた（参考、映画『ファクトリー・ウーマン』（原題 Made in Dagenham）二〇一〇年、ナイジェル・コール監督）。

図 11　ダゲナム工場ストライキ（1968 年 6 月 7 日）Getty Images

女性労働者の組合組織率は一九六〇年代初頭まではわずか二五パーセントであったが、一九六二年以降になると多くの女性が加入し始める。ミシン工たちが収めた成功によって、労働組合のなかに「女性の平等を求める全国合同行動運動」が設立され、一九七〇年代には、女性の労働組合加入率は工場労働者だけではなく、事務職員、看護師、教師のあいだで上昇した。雇用主と労組幹部の性差別に対して挑戦したダゲナムの女性たちの行動はまた、一九七〇年の平等賃金法の成立にも寄与することになった。

多くの黒人やアジア系の労働者たちも差別を経験していた。一九六〇年代に移民の数は増加して、とりわけインドとパキスタンからの移民が増えた。雇用主は移民労働者を安価な労働力として扱い、労働組合の指導者たちは移民たちを白人労働者への脅威と見なした。一九六二年にコモンウェルス移民法が制定されるが、この法律は移民を制限し、事務職員や大学生、医師や教師といった資格をもつ移民に優先権を与えた。学歴や資格とは不釣り合いな職種に就くことが多かったインド系移民労働者は、労働組合運動で指導的地位に就き、全国各地でみずから組織化をおこない労働組合を承認させるという成果を手にした。

一九六〇年代には、移民たちが惹起した人種問題は中心的な政治的論争の主題となった。一九六八年、保守党の国会議員イーノック・パウエルは、バーミンガムで悪名高い人種差別的な「血の河」演説をおこない、彼を支持する港湾労働者が大規模なデモをおこなった。この演説は、移民の急増によって秩序が混乱するイギリスの将来を、ヴェルギリウス『アエネーイス』をふまえて古代ローマの血で染まったテヴェレ川にたとえたことから、このように呼ばれている。

非公式のストライキは、労働組合の幹部と管理職の無為無策と無関心に抗議して発生したものであった。一九四〇年代に確立された労使関係におけるトップダウンの交渉過程には、多くの労働者が不満を抱いていた。また管理職の無関心と独善も労働者を団結させた。一九六〇年代には中間管理職が増加して、作業現場で働いた経験のない大卒管理職の数も増加したが、そうした管理職には専門知識が欠けていたのである。

激化する海外との競争のなかで雇用主側が競争のためのコスト削減が必要だと主張すると、多くの労働者は求められているのが技術革新(イノヴェーション)であると反論して、生産や開発への継続的な投資を求めた。労働者たちは、彼らのもつイノヴェーションのアイデアを管理職と共有する機会がないことに不満を抱いており、一九六〇年代後半から登場した労働者による生産過程の民主的統制の理念には、現場に即した技術革新とそれによる経済的競争力の増進が含まれていたことが注目に値しよう。

『闘争に代えて』

一九六〇年代の半ば以降、労働者のこうした好戦的性格が国民経済にとって「脅威」となった。これは、諸外国との競争に直面したことに原因があるだけではなく、労働者に対する実業家と資本家の態度が硬化したことにも原因があった。一九六五年には、イギリスの実業界の指導者たちが「イギリス産業連合」(CBI)を設立した。CBIのロビー活動と政財界のエリートのネットワークは、労働者の経済的・政治的力の削減に暗躍した。

一九六八年には、実業界のリーダー（『ミラー』新聞グループ会長）、セシル・キングが、危機を回避するための「実業家による国民政府」樹立についての秘密会談をマウントバッテン卿ともったことが明らかになり、キングはイングランド銀行総裁などの要職を解かれることになる。実際のところ、一九六〇年代から一九七〇年代にかけては、ギリシア、チリ、イタリアなどで軍部や右派のクーデタによる政府転覆が画策され、そのいくつかは成功していくことになった。

一九六六年の総選挙以降、ウィルソン政権は社会的不平等の解消について積極的に語ることをやめた。海外との競争に晒されたウィルソンは、完全雇用について沈黙するようになり、極端な貧困の根絶に福祉国家の目的を絞り込むようになった。エイベル・スミスとピーター・タウンゼンドの社会学的調査『貧しいものと最貧のもの』（一九六五年）はベストセラーとなり、子どもや高齢者への貧困の集中を指摘した（「貧困の再発見」）。それによれば、彼らは、社会学者シーボウム・ラウントリーがいうところの、肉体的能力を維持するための最低限度の生活水準を意味する「貧困線」以下で暮らしていたのである。

これに対してウィルソンは、介護団体である「ヘルプ・ジ・エイジ」（一九六一年設立）、子どもの貧困対策に取り組む「子ども貧困活動グループ」（一九六五年設立）、ホームレスのための「シェルター」（一九六六年設立）などの反貧困運動の団体と協力しながら、貧困撲滅を目指すことになった。ホームレスをテーマに取り上げた、若きケン・ローチ監督のＢＢＣテレビドラマ『キャシー・カム・ホーム』（一九六六年）は、一二〇〇万人が視聴したとされ、大きな反響を呼び、福祉国家システムの狭間に生じる貧困の問題に光を投げかけた。

また、一九六六年の船員スト以降、非公式のストライキの拡大に対して懸念が表明されるようになった。一九六五年には労使関係の改革を検討するドノヴァン委員会が設置され、六八年には報告書が作成された。これを受けてウィルソン政権で政府白書の作成を担当したのが、バーバラ・キャッスル雇用生産大臣であり、彼女は六九年、白書『闘争に代えて』を発表する。それは、スト権投票制度の導入や非公式ストに対する二八日間の強制冷却期間の導入など、これまでの労使間の自発的協力を前提としてきた枠組みに大きな変更を迫るものであった。この白書に対しては、労働組合からだけではなく労働党議員からも反発が生じ、さらにキャラハンなど閣僚の一部からも反対の声が上がった。妥協を迫られたウィルソン政権は、『闘争に代えて』を事実上撤回し、労使関係の改革を断念することになった。

以上見てきたように、一九六〇年代には、戦後福祉国家のもとでみずからを形成してきたベビーブーマー世代が青年期を迎えるなかで、彼／彼女らの社会的エネルギーが文化の領域から噴出することになった。この革新に満ちた世代は、狭義の文化の領域を変革したのみならず、学生・女性たちが政治文化を変え、職場では職場代表委員となった労働者たちが山猫ストライキに立ち上がった。

山猫ストライキは、「衰退」が認識されるなかでのウィルソン政権による「上から」の近代化の試みが、ポンド危機のもとでの平価切り下げによって頓挫したことを背景として、自力で生活を防衛しようとする「下から」の自律的な運動であったといえよう。頻発するストライキのなかで、労働党政府はみずからの支持基盤である労働組合の力の抑制に動き出し始め、白書『闘争に代えて』を提出するにいたった。白書に見られる上からの政治経済システムの構造的力学と下からの民衆的個人主義のエネルギーとがもつ緊張関係は、一九七〇年代の歴史過程の底流をなすことになる。

第4章
「英国病」の実像
―1970年代―

労働組合会議（TUC）大会におけるグランウィック工場ストの参加者
（1977年9月） TUC Library Collections, London Metropolitan University

1　英国病

危機と可能性の時代

同時代史のなかでの一九七〇年代イギリスのイメージは、陰鬱なものであった。帝国の盟主たる地位からの転落と欧州共同体（EC）への加盟、石油危機によるインフレと失業の加速、国際通貨基金（IMF）からの借款、人種間の対立や北アイルランドの紛争、繰り返されるストライキ、パンク音楽やフーリガンといった無軌道な文化の噴出、といった具合である。

こうしたイメージは、その後三〇年にわたる政治的言説のなかに強固に組み込まれていった。マーガレット・サッチャーにとっては戦後コンセンサスの行き詰まりを象徴するものであったし、トニー・ブレアにとっては回帰してはならない「ストライキと重税の党」という労働党のイメージを意味するものだった。一九七〇年代のすべてが、「ヨーロッパの病人」としてのイギリスの「衰退」を象徴するものとなり、衰退論の言説の枠組みのなかで解釈されてきたのである。

だが近年、一九七〇年代に対して根源的な歴史像の問い直しが進められており、「危機や混乱の時代」というイメージに対する反証が提示されるようになっている。経済地理学者デヴィド・ハーヴェイの研究によれば、世界レベルではもっとも富の集積が進んだ時代であった。イギリスに限定しても、シンクタンク「新経済財団」の調査によれば、一九七六年は一九五〇年以降で最良の経済的・社会的指標を示していた。完全雇用と平等化に基づく豊かな民衆の文化が開花し、民衆が自己決定権と自己実現を追求していった時代であったというのである。

この「民衆的個人主義」は、のちに市場の自由、選択の自由を強調するネオ・リベラリズム的個人主義に回収されていくことになるが、「危機の時代」という一九七〇年代に対する従来の表象とは異なり、そこには多様な可能性が内包されていたことがわかってきている。サッチャリズムは、危機への不可避的な解決策ではなく、偶然の結果であったとされる。

危機と可能性の時代として一九七〇年代を眺めるとすれば、そこにはいくつかの対立軸を見出すことができる。

第一に、危機への対応として、ふたつの異なる政治的選択肢が提示されたことである。それはイデオロギー的分極化を背景とした、ニューライトによる新自由主義的打開の方向であり、また一方では、社会主義の徹底強化による危機の克服である。

第二に、女性や移民などのマイノリティの自己実現というかたちで展開する「下から」の民衆的個人主義の進展と、それに対する「上から」の権力的抑圧とニューライト的枠組みへの転轍という方向性である。

このように左右ないしは上下に複雑に絡まり合う対抗関係のなかで、七〇年代の歴史は読み解かれなければならない。一九七〇年代は「思想の自由市場」(the marketplace of ideas)の時代であると言われることがあるが、危機に対してさまざまな解決策が模索された時代だったのである。したがって、一九七〇年代に付与されてきた典型的なイメージ、すなわち「英国病」「モラル・パニック」「不満の冬」などは、以下に述べるように、すべて括弧に入れて再検討されることになる。

異端分子の進出

一九六〇年代末までには、戦後コンセンサスのもとでのケインズ主義的な経済運営に対して批判勢力が登場する。繰り返されるストップ・アンド・ゴー政策は、一層の投資の減退と生産性上昇率の鈍化を招き、経常収支の赤字と失業率の増加をもたらしていった。一九七〇年代初頭には、先進国の共通の現象となっていたインフレーションは、一九七三年の石油輸出国機構

(OPEC)の石油価格値上げによって、空前の水準に到達しつつあった。国際収支の悪化によるポンドの切り下げが、一九四九年に続き一九六七年にも実施されたことは第三章に述べた。

しかし、こうした「衰退」ならびに「英国病」は、同時代の政治的コンテクストが創出したひとつの「神話」であったという歴史研究が登場している。戦後の社会民主主義的コンセンサスのもとでのイギリスは、実際には他国と同じように「黄金時代」を経験していたのであるが、「帝国の終焉」という覇権国からの凋落という感覚が、「衰退」や「病気」といった感覚を強化していったというのである。

事実、社会民主主義的コンセンサスの動揺が、二大政党のイデオロギー的分極化を生じさせ、戦後政治にとっての異端分子を進出させることになった。すなわち、一九七〇年代には、保守党・労働党内部における中産階級化が進むなかで、一九六〇年代のケインズ主義的政策の行き詰まりから、そのオルタナティヴとして保守党内部で市場経済原理に基づくニューライト路線の志向が生まれ、他方、労働党内部では公営化と経済計画化を中心とする社会主義路線の徹底強化の志向が生み出されていったのである。

まず保守党は、一九七〇年選挙綱領以降、明確に「自由市場の哲学」を政策の前面に出して、社会民主主義的枠組みに対する右からの攻撃を開始していった。保守党のニューライトの起源

図12　トニー・ベン（1975年）Getty Images

は、「経済問題研究所」などが一九五〇年代末に提起し始めた政策にあるが、一九六〇年代末に労働党の近代化戦略が失敗し社会民主主義的政策が混乱をきたすと、イーノック・パウエルやキース・ジョセフらは、福祉国家体制に「合意」を与えてきた保守党の指導部を公然と批判するようになっていった。

　パウエルらは、自由市場を唱える一方で、移民に対する批判、ヨーロッパ統合への反対などを主張して、経済的自由主義とナショナリズムとの結合を図り、七〇年選挙綱領に大いなる影響を与えるまでに勢力を拡大していた。パウエル自身は、人種差別的発言によって保守党内部での権力闘争から脱落していくが、その恩恵を最終的に受けとることになったのは、のちのマーガレット・サッチャーである。

　他方で労働党は、一九六〇年代のウィルソンの近代化戦略が失敗して、党の得票率は一九六六年を頂点として長期的低落傾向へと陥り、党員数も大幅に減少していったが、逆に党内部では左派が進出するという事態が生じていた。左派の台頭は、労働党地方支部を中心とした急進的な新世代の党員の加入によって生じたが、彼らの多くは若くて高学歴の中産階級の公共部門の専門職であり、労働党の政策決定に重要な役割を果たす全国執行委員会を掌握していった。労働党左派のカリスマ的な存在となっていたのが、アンソニー・ウェッジウッド・ベン、通称トニー・ベンである。彼は貴族の家柄に生まれながらも、爵位を拒否して庶民院議員として政治生活をおくる道を選んだ。ベンに加えて、マルクス・ルネッサンスともいわれる現象のなかで台頭してきたスチュアート・ホランドのような理論家が労働党左派の支柱をなすことになり、『一九七三年労働党プログラム』を定式化していった。なかでも、その第二章「新経済戦略」は、公有化と計画経済化を中心としたラディカルな社会主義戦略を明示したものであり、保守党が目指す市場メカニズム導入政策に対する真正面からの「対抗経済戦略」となっていたのである。

EC加盟

二大政党制内部での異端分子の進出は、ヨーロッパ統合をめぐる問題でも争点を生み、政党を横断して対立を先鋭化させていった。ヨーロッパ統合は、帝国・コモンウェルスに代わる道として、イギリスをヨーロッパに参入させることによって国民経済を再活性化し、経済衰退からの反転攻勢をかける狙いをもっていた。そのためには、インフレーションを抑制し、公共支出を削減し、労使関係を近代化させることが必要とされた。

この路線は、保守党では一九七〇年選挙綱領のなかで採択されて、EC加盟運動を推進していくことになった。だが、パウエルらニューライトの路線にとって、加盟は経済的自由主義という点からは不十分であり、ナショナリズムの点からも国家主権を放棄するという批判がなされることになる。EC加盟問題は、保守党内部に亀裂をもたらしていくことになった。

他方、労働党内部では、左派の掲げる「新経済戦略」が、ECからの脱退を鮮明に表明していた。そこでの現状認識は、イギリス経済が世界経済に過度に依存し、国際資本に侵食され、国際的金融圧力に対して脆弱となっている、EC加盟は、イギリス経済をさらに資本主義諸国に結合させ、自律的に国民経済を計画する能力を喪失させるというものであった。ECが農業政策から通貨政策・産業政策まで統合を拡大させると、イギリス経済はヨーロッパ経済の一部となり、一地方権力にすぎなくなってしまうというのである。こうして、EC脱退は、労働党の新綱領の本質的な一部を構成することになった。

一九六〇年代にEEC加盟を阻んできたフランスのドゴール大統領は既に退陣しており、また加盟六カ国(フランス、西ドイツ、イタリア、オランダ、ベルギー、ルクセンブルク)も拡大の方針を決定していた。こうした条件のもとで、一九七二年にイギリスは加盟条約調印にこぎ着けることになった(アイルランド、デンマークも加盟)。

この頃、労働党内部の左派とパウエルのような保守党内部の反ＥＣ派が、政党のラインを超えて結託し始める。一九七五年にはＥＣ加盟の是非を問う史上初めての国民投票がおこなわれたが、そのキャンペーンは、二大政党制の枠組みを超えて展開された。労働党からはベンやホランド、保守党からはパウエルらが反対の論陣を張ることになった。

2 モラル・パニック

パニック現象

「モラル・パニック」というこの時代に関するイメージの起源は、スタンリー・コーエンの若者文化に関する社会学的分析『民衆の悪魔とモラル・パニック』(一九七二年)のなかに見てとることができる。それは、メディアが特定の集団を問題化して、その脅威を煽り、危機を誇張して醸成するというものである。コーエンの仕事は、一九六〇年代初頭から出現してくるモッズやロッカーと呼ばれる若者の街頭文化に焦点を当てたものだったが、この概念は一九七〇年代の諸現象への対応を分析する際にも利用されていった。

このパニックは、社会の多様化のなかで権威を喪失した伝統的エリートの不安を表出していたのであり、「想像された国民」という有機的共同体へのノスタルジアと結合していたとされる。さらに今日ではカルチュラル・スタディーズとして知られる動向の祖となるマルクス主義社会学者スチュアート・ホールは、サッチャリズム分析との関連のなかで、上からのイニシアティヴによってモラル・パニックを利用して「法と秩序」が権威主義的に再編され強化されていく過程を明らかにしている。

しかし、モラル・パニックは逆側から見れば、民衆的個人主義の発現と捉えることもできよう。戦後福祉国家体制のもとで自己決定権と自律性を増大させてきた民衆たちは、フォード主義的大量生産・大量消費の蓄積様式の危機の間隙を縫うかのようにして、多様な自己主張を展開していく。アイデンティティの政治、ポスト・フォード主義などとも呼ばれるこの現象は、下からの異議申し立てに彩りを与えていった。

そのなかでは、イングランドの白人男性労働者をコアに据えた民衆像とは異なり、ジェンダーやセクシュアリティ、人種や民族、生活様式などの面で、多様性が加わることになる。それは、逸脱行為が遠心分離現象を起こして社会が解体の方向に向かいつつある現象なのか、あるいは、自己決定権が強化されていく趨勢の加速なのか、評価の分かれるところである。ここでは、ストライキ参加者、女性や移民、パンクロック、フーリガン、セクシュアル・マイノリティなどのサブカルチャー、ケルト・ナショナリズムを対象として、その歴史的実態を明らかにする。

平等と解放を求めて

まずストライキについて見てみよう。一九六〇年代末から一九七〇年代初めのストライキは非公式のものが多く、仕事の現場で始まり若い労働者たちがそれに加わったことは、すでに述べた。高失業率のもとで課された所得政策による賃金抑制策は、労働組合の一般組合員《ランクアンドファイル》による山猫ストライキを誘発していったのである。このストライキは、伝統的に労働組合を構成してきた男性の熟練労働者だけにとどまらない拡大を見せ、若年の労働者、女性労働者、イギリスに来たばかりの移民、非熟練の賃金労働者にまで広がった。彼／彼女らは、豊かな社会における豊かな暮らしを希求しつつも、労働の場で経験した現実とのあいだの隔たりによって、ストライキへと駆り立てられることになった。

一九七六年に政府は人種関係法を通過させ、職場における人種に基づく差別を違法とした。この法律は、個人に公平な立場を公式に付与するものであり、機会の平等と賃金の平等を超えて労働者の権利が拡張されるべきであるという理念にもとづいていた。

同じく一九七六年、グランウィックのフィルム現像工場で労働者たちがストライキに入った。その多くはアジア系や黒人の労働者であったが、彼らは雇用主が賃金と労働条件の交渉を拒否し、組合への加入を認めなかったことに抗議した。グランウィックの労働争議は、アジア系、白人労働者、男性女性が互いに平等な関係で協力しあう最初の労働争議となり、労働運動の歴史における新たな出発点となった(本章扉参照)。他方で、この団結に脅威を感じた「法と秩序」のスポースクスマンたる保守党のキース・ジョセフは、グランウィックは「リトマス試験紙であり、政治上、国政上の転換点である」と危機を煽っていった。

一九七〇年代にも女性解放運動は進展していった。この運動に関しては、英国図書館が、参加者たちの声を蒐集した浩瀚なアーカイヴを構築しており、ホームページを通じて閲覧することができる(British Library, *Sisterhood and After*, https://www.bl.uk/sisterhood)。それらは、ロンドンを拠点とする啓蒙的な中産階級のグループによるフェミニズム運動にとどまらず、さまざまな形態をとることになった。

そのひとつが、全国各地の公営住宅で展開した家賃不払い運動である。一九七一年から一九七四年にかけて公営住宅の家賃は二三パーセントも上昇したが、これに対する反対運動や家賃不払い運動の中心となったのは、公営住宅に居住する労働者階級ならびに中産階級の女性たちであった。女性たちは妻や母として抗議運動での主導的役割を果たした。母親たちのほとんどは労働者階級であったが、大卒の中産階級も参加した。階級を超えた母親としての共通の土台が、運動の基盤となったのである。

サブカルチャー

パンクロックは一九六〇年代のニューヨークに起源をもつ。イギリスでは、セックス・ピストルズなどの登場によって、一九七〇年代に開花していくことになった。その音楽やファッションにおける特徴は、一種のアナーキズムであり、破れたジーンズやＴシャツを身にまとい、反体制的かつ攻撃的なメッセージを歌詞に込めていた。

ディック・ヘブディジの古典的な研究によれば、パンク音楽は、労働者階級の雇用の喪失への直接的な反応であっただけではなく、イギリスの衰退を劇的に表現するものであったとされる。同時に、それは既存エリート・エスタブリッシュメントへの嫌悪を共有していることによって、のちのネオ・リベラリズムとも価値を共有するところがあったという。

同性愛など、いわゆるＬＧＢＴの人びとによる自己決定権を求める運動も進展していった。

同性愛者に対する差別に関しては、一九五七年にウルフェンデン委員会報告によって是正が勧告されていたが、その運動は寛容政策のもと、一九六七年の男性同性愛の合法化に結実していった。一九七〇年代には、ロンドン、バーミンガム、ブライトン、ブラックプール、リヴァプール、マンチェスターなどイギリス各地にLGBTのコミュニティが形成され、一九七〇年以降は毎年、セクシュアリティの多様性を讃えるプライド・パレードがおこなわれるようになった。

イングランドのサッカーファンのなかのフーリガンによる暴動は、すでに一九六〇年代から知られていたが、一九七〇年代になると頻発して、「英国病」の象徴的な事例と見なされるようになった。サッカーのイングランド代表は、一九六六年に地元で開催された世界選手権で優勝したのち、一九七四年西ドイツ大会、一九七八年アルゼンチン大会と本大会出場を逃しており、また一九七二年欧州選手権準々決勝ではホームであるウェンブリー競技場で西ドイツに完敗を喫した。これらは、経済的衰退の感覚と重ねられて「英国病」を強烈に意識させるようになったのである。

フーリガンは、脱工業化にともない労働者階級の社会的凝集力が解体して、若い男性のあいだでの標準的な行動様式が弛緩するなかで生じた男性の情動的文化ないしは狼藉行為として、またナショナリズムや反ヨーロッパの記号として社会学的関心の対象となった。そしてそれは、より権威主義的な極右の台頭によって取って代わられることになったとされる。

連合王国の解体?

ウェールズやスコットランドなどのケルト系諸地域では、地域ナショナリズムが強化されていった。とりわけスコットランド国民党(SNP)への支持の拡大は目覚ましかった。一九七〇年代のSNPの急激な伸張は、一九六〇年代の文化的なナショナリズムを超えて、経済問題にシフトしたことが大きかった。

具体的にいえば、オイルショックによる国際的な石油価格の上昇のなかで、一九七四年に北海油田が発見されたことが、スコットランドの経済的見通しを変えていった。事実、連合王国の石油生産は劇的に増大して、この「黒い黄金」の採掘の増大という展望は、「我々の石油」というスローガンに集約されるように、ナショナリストの思想を鼓舞するものとなった。北海油田は、イングランドとスコットランドで生じた経済的格差(南北問題)への不満を、連合王国という枠組み自体に対する挑戦へと読み替えていく手段となっていった。

他方で、一九七〇年代初頭の北アイルランドでは、少数派のカトリック系住民と多数派のプ

図 13 「血の日曜日」(1972 年 1 月 30 日) Getty Images

ロテスタント系住民や地元のアルスター警察とのあいだの対立が続いていた。一九七一年三月、北アイルランド首相にプロテスタント系強硬派であるブライアン・フォークナーが就任すると、対立はさらに激化していった。フォークナーは、北アイルランドに「予防拘禁制度」を導入、これに対してアイルランド共和国軍（ＩＲＡ）暫定派が武装闘争を開始し、テロ、焼き討ち、時限爆弾などの行動に走った。

　一九七二年一月には、軍隊がロンドンデリーのデモ隊に発砲して一三名を射殺するという「血の日曜日」事件が発生した。これ以降、ＩＲＡの暴力行為はエスカレートして、一九七二年にはイギリス各地で死亡者数が数百人にものぼった（映画『父の祈りを』（原題 In the Name of The Father 一九九三年、ジム・シェリダン監督）は、ロンドンでのテロ事件を題材にしている）。

　イギリス政府は、一九七二年三月に北アイルランド自治を停止して、直接統治に乗り出すことを決定した。同時に、北アイルランド省を創設して事態の収拾に当たった。北アイルランド担当相ウィリアム・ホワイトローは予防拘禁によって収監されていた人びとを釈放し、ＩＲＡの側も一時的に戦闘行為を中止した。三月二〇日にホワイトローは、カトリック系住民の権利を擁護し、比例代表制を導入し平等な政治参加を保障する『白書』を発表、六月二八日には普通選挙がおこなわれ、一九七三年七月にはプロテスタントとカトリックによる権力分有の新たな議会が設置された。

さらに一九七三年一二月には、新たに権力分有政府という形態で北アイルランド自治の復活がはかられ（サニングデール協定）、一九七四年には北アイルランド自治政府が設立された。しかし、プロテスタント系によるゼネストが勃発して、サニングデール協定は瓦解していくことになる。

3　不満の冬

Uターン

一九七〇年の総選挙では、大方の予想に反して労働党が敗れ、エドワード・ヒースの率いる保守党が勝利した。ヒース政権は、戦後の保守党政権よりも「自由市場」を志向する強力な政策を実行し、政府や労働組合の統制から自由な市場の構築を目指していた。すなわち、一九七一年予算では、公共支出削減政策、公共料金の値上げとサーヴィスの削減、一九七一年労使関係法による労働組合規制、そして鉄鋼会社の民営化と補助金削減などを掲げた。また、さきに述べたようにEC加盟に向けての交渉も再開していった。これらの政策は、衰退過程にあるといわれた経済を復興させることを目的としていた。

政権発足当初、国際収支は黒字に転じて経済状況は良好であったが、七二年になると失業率が戦後最悪となり、政府は財政金融政策の面で減税や社会保障費の支出増を含む景気拡大政策へと転じた。しかし、このような政策は、最悪のタイミングとなる。インフレーションは世界規模での商品価格の高騰を受けて加速し、失業率は高止まりを続け、他方でオイルショックによって、国際収支は赤字となり経済成長率はマイナスとなった。マクロ経済の乱高下のなかで、ヒース政権はさまざまな局面でのUターンを余儀なくされていった。

まず産業政策では、労働党政権時代の国家介入的政策から転じて、自由市場に委ね、経営不振の企業救済策としての補助金削減を唱えていたが、一九七〇年にロールスロイスの経営危機に際して救済の方針が発表され、翌年には国有化されることになった。またスコットランドの造船会社アッパークライド社の破産に際しては、労働者による会社占拠と自主操業とに直面して、操業継続を認めることになった。一九七二年の産業法では、雇用に資する産業、開発地域での個別産業の援助など国家介入を強めていった。

労使関係の改革に関しては、労働組合のストライキ権を制限し、労働党政権下で実施されていた所得政策を否定していたが、財政金融政策を用いて経済の拡大を図り、インフレの影響を緩和するために労働組合との合意を模索するようになった。経済の拡大にはある程度成功するが、組合との合意には失敗して、一九七三年末には、炭坑労働者のストライキによる挑戦を受けた。それは、戦後最大規模の労使関係の危機を惹起して、一九七四年ヒースは「誰がこの国を統治するのか」と訴えて総選挙に打って出たが、そこで保守党は多数派の獲得に失敗する。

IMF危機

一九七三年のプログラムに基づいて作成された選挙綱領を掲げて戦った一九七四年二月の総選挙において、少数与党ながらウィルソンの労働党政権が誕生した。労働党の選挙公約は『一緒に働こう』と題されて、「産業的競争力が、働く人びととそのコミュニティ全体のための責任をとれるようにする」との公約を掲げた。公約の中心には「社会契約」があり、これは労働組合に、緊縮の時代に賃上げ要求を断念する見返りとして、政策決定における中心的な役割を与えるというものであった。

しかし、その目標をどのように実現するかについては曖昧なままであった。ウィルソン政権は、少数与党という「宙づり議会」の力関係のなかにあって、安定を期して七カ月後に議会を解散することになるが、当初は間近に控えた総選挙を意識して「社会契約」を着実に実行する姿勢を示した。しかし、一九七四年一〇月の総選挙で過半数を制したウィルソンは、一九七五年に入ると「社会契約」に基づく「新経済戦略」を徐々に修正し、やがて全面的に覆していった。

その契機は、一九七五年六月のEC残留をめぐる国民投票であった。労働党左派の提唱したEC脱退という主張が敗北したのをきっかけとして、トニー・ベンら左派の産業戦略の後退は決定的となった。オイルショック後のインフレと国際収支の悪化によって公共支出の削減を余儀なくされ、さらにインフレを抑えるために所得政策による賃金抑制へと回帰したことで、「社会契約」と「新経済戦略」は、決定的な後退局面に入っていった。

そうしたなか、一九七六年三月一六日、ウィルソンは突然辞任を発表する。辞任の理由は、当初、高齢にともなう身体問題と発表されていたが、近年は、政権転覆の右派クーデタを回避するためであったという説も出されている。一九七三年にはマウントバッテン卿を黒幕とする政界・実業界・官界の有力者の支援を得て、ＮＡＴＯの北部司令官であったウォルター・ウォーカーがクーデタのための私設の軍隊を設立していた。ウィルソンは、それを察知しての辞任だったというのである。

国際収支の悪化とポンド切り下げのなかで、一九七六年三月ジェームズ・キャラハンが新首相に就任する。キャラハンは、七六年九月二八日におこなわれた労働党大会において、ＩＭＦへの借り入れ申請を決意するとともに、ポンド下落を招いた原因がケインズ主義的政策の失敗にあり、その有効需要拡大政策はインフレをもたらすだけで、より高いインフレはより高い失業率をもたらすだけであるという、マネタリストと変わらぬ認識を表明した。

一一月一日にはＩＭＦチームがロンドンに到着して、一二月一日にキャラハン首相は、ＩＭＦから提示された条件に従った予算の策定を強いられた。結局、このポンド危機と対外借款は、労働党政府に「新経済戦略」を放棄させただけではなく、それとは真逆の内容をもったマネタリスト的政策への方向転換を余儀なくさせていったのである。

「不満の冬」

第二次オイルショックのもと労働党政権は、一九七七年にインフレ抑制のために賃上げの上

図14　ロンドンの「不満の冬」(1979年)
Getty Images

限を五パーセント以内に設定する所得政策をとった。だが、一九七八年九月二二日のフォード自動車の労働者によるストライキで、九週間のストの末に一六・五パーセントの賃上げで交渉が妥結すると、所得政策に関する政府の道徳的説得力は失われていった。

一九七九年一月に石油タンクローリーの運転手がストに入ると、公共部門の自治体労働者や医療労働者なども次々とストに入り、事態は悪化した。回収されないゴミの山、閉鎖された病院、埋葬されない遺体、「ストライキ中」の静止画面を伝えるテレビ。こうして、一九七八年一二月から七九年一月、いわゆる「不満の冬」を迎えることになった。こうしたストは、政府の「社会契約」と所得政策の失敗を明らかにし、公共部門と民間部門の対立、また公共サーヴィス提供者とその利用者との対立という新たな局面を生み出していった。

この公務員労組を主体とした「不満の冬」は、一九二六年のゼネラルストライキ以来の最大規模のものであった。だが、タブロイド紙『サン』などの右派マスコミが歪曲して報道し「モラル・パニック」が醸成されると、ストライキは集中的な非難の対象となった。

マスメディアで論争となっていた社会民主主義ないしはケインズ主義的な政策運営の失敗としての「衰退」や「英国病」とならんで、「貪欲な労働者」とか「血塗られた労働者」とかいう労働組合・ストライキ参加者に対する否定的イメージが構築された。それが、一九八〇年代のサッチャー、一九九〇年代のブレアによって再構築されて、広く受容されていったのである。しかし本章の冒頭で述べたように、近年このイメージが一面的なものであるという批判が提出されるようになってきている。

たとえば、歴史家タラ・マーティン・ロペスは、「不満の冬」についての「神話」を脱構築している。このストライキは、インフレ下の実質賃金の下落に対する労働者側の対抗措置であったのみならず、労働組合運動におけるジェンダーや人種的構成の転換点を示す運動であったという。それまでの白人男性労働者が担ってきた運動に対して、女性や移民などが積極的に参加して政治的地平を拡大していったからである。

草の根レベルでのオーラル・ヒストリーから明らかとなるのは、公共部門における女性や移民労働者たちの役割であり、NHSの若い医師たちのストライキでも、患者への配慮が十分におこなわれてきたことが指摘されている。だが、保守系の『サン』紙などによる誇張が、ストライキに対する否定的なイメージを付与していったというのである。気鋭の歴史家セリーナ・トッドは、戦後史の分水嶺とされる一九七〇年代について、次のように述べている。

七〇年代は右派がクーデターを起こそうと企んだ十年だった。政府による労働運動の活動家たちの監視。ピケや団地に対する情け容赦ない取り締まり。そして究極的には、国際的な金融機関の集団によるイギリスの国内政策への劇的かつ破滅的な介入。これらによって戦後人びとに限定的ではあったが重要な前進をもたらしてきた政治家と国民との関係に終止符が打たれたのである。（『ザ・ピープル』三二五―三二六頁）

労働党にとって不幸だったのは、みずからの支持基盤である労働組合を裏切るかたちでしか政策を遂行しえなかったことである。ストライキは、従来の資本対労働の対抗を超えて、公共部門と民間部門、消費者と生産者という新たな対抗関係を作り出して、ジャーナリズムを通じてモラル・パニックとして構築され社会不安を煽られていった。こうした雰囲気のなかで、一九七九年五月の総選挙を迎えることになり、戦後福祉国家のもとで形成されてきた民衆的個人主義は、歪められたかたちで狭く囲い込まれ、サッチャリズムというかたちでの政治的方向性を与えられていったのである。

第5章

サッチャリズム
—1980–1990年代—

荒れ地（産業衰退地域）をゆくサッチャー（1987年9月12日）
Getty Images

1　サッチャーの登場

グランサム・レトリック

マーガレット・サッチャーは、一九二五年、イングランド中部リンカンシャーのグランサムという田舎街で雑貨商を営むアルフレッド・ロバーツの娘として生まれた。アルフレッドは、ノーサンプトンの靴職人の息子で、父からは揺るぎない自由主義的な政治的信念、サミュエル・スマイルズ『自助論』を地でいく、立身出世を目的とする方法的な生活態度を受け継いでいた。メソディスト教会に深く関わり、グランサムでは、その俗人聖職者として、また街の市長として活動する。雑貨店舗は、常に集会所としての役割を果たしていたという。

後年、権力と名声を手にしたサッチャーは、この生まれ故郷からは距離を置き、ノスタルジーを感じることもなかったというが、グランサムは、サッチャリズムの道徳的レトリックを構築するうえでは象徴的な役割を果たすことになる。

マーガレット・ロバーツは刻苦勉励して、奨学金をえてオクスフォード大学に進学するが、その後も父の信念を守り続けた。大学では化学を専攻しながら「保守党協会」に属した。最初の就職は化学メーカーであったが、程なく、かねてよりの希望であった政治家への転身を決意する。選挙区はケントのダートフォードであり、労働党の地盤であった地域だが、一九五〇年の総選挙では保守党の最年少立候補者として注目を集めた。その頃に夫となるデニス・サッチャーと出会い、のちに結婚する。デニスは裕福な実業家であり、マーガレットは政治家として活動するうえでの経済的基盤をえることになった。

一九五九年にはフィンチレー選挙区へ転出し初当選を果たす。一九六四年の総選挙での保守党の敗北後、党首が議員による選挙で選ばれるようになると、貴族階級出身でない彼女のような政治家にも道が開かれた。「雑貨屋の娘」というサッチャーのイメージは、メディアによって構築されたものだったが、庶民性をアピールするために彼女自身によっても好んで使われるようになった。

歴史研究によれば、サッチャリズムの意義は、戦間期の一九二〇年代、三〇年代に没落していった（とりわけ下層の）中産階級の「声」を政治空間で再び取り上げたことにあるという。その具体的な政策は、経済政策研究所、アダム・スミス協会などのニューライト志向のシンクタンクによって形成されていった。ニューライトの主導権は、イーノック・パウエルやキース・ジョセフなどの手にあったが、前者は人種差別発言によって保守党の指導部から離脱していた。ニューライトの勢力は、ヒース政権のUターン政策（第四章参照）に反対するなかで強化され、一九七五年の党首選でヒースと争うことになる。当初、ジョセフが有望視されたが、彼もまた差別的発言によって窮地に陥り、急遽その代役としてサッチャーが抜擢される。政治経験が少なく、かつ女性であることが不安視されたが、そのことを逆手に取ってキャンペーンを展開して、「まさかの勝利」を手にすることになった。

マネタリズム政策

一九七六年にウィルソンから政権を引き継いだ労働党のキャラハン首相は、「不満の冬」を招いた責任をめぐって一九七九年三月の庶民院での信任投票に敗れ、総選挙でも壊滅的な敗北を喫した。サッチャーは、初の女性首相として官邸に入ると、早速、新大蔵大臣のジェフリー・ハウを通じて、通貨の統制や所得税から消費税への移行といった経済政策を開始する。為替管理が撤廃され、イギリスは第二次世界大戦以来かつてないグローバル経済に晒されることになった。一九八〇年の海外投資に関する保護主義的なドル・プレミアムの撤廃は、企業倒産の波と、戦後としては空前絶後の失業率の急上昇をもたらした。

サッチャーとハウは、失業者の急増、インフレの昂進、労使関係の悪化に直面する。一九七〇年代初頭にヒースが直面したのと同じ状況である。しかし、彼女はヒースとは異なり、「Uターンしたいのなら、どうぞそうしてください。私は方向性を変えることはありませんから」と、一九八〇年の保守党大会で言ってのけた。

こうして一九八一年の予算案は、経済的苦境に際して公共支出の削減と増税をおこなうという大胆なものとなった。その政治的な代償として、四月のロンドンをはじめとする主要都市での大規模な暴動、二一週間にもわたる公務員のストライキが続いた。ロンドン郊外のブリクストンでは、黒人の若者を中心に白人の若者も加わって、群衆と警察隊とのあいだでの大規模な衝突が発生した。死者こそでなかったが、数日間にわたって続いた暴動はイギリス社会を震撼させることになった。

同年夏には、ロンドン郊外サウスウォールで発生した白人右翼によるアジア系青年に対する挑発行為を契機として、都市暴動は、リヴァプール、マンチェスター、ブラッドフォード、バーミンガムなど各地に飛び火した。人種関係の悪化を懸念した政府によってブリクストン暴動に対する調査がおこなわれ、スカーマン卿による報告書が提出された。そこでは、暴動の性格を「人種暴動」ではないが、「人種的要素がある」と規定した。

一連の非妥協的な対決の姿勢は、サッチャーに「鉄の女」というイメージを付与していったように思われる。それは、戦後の「コンセンサスの政治」からの離脱を目指す過程を表現していた。こうしたサッチャーの強硬な姿勢に対しては、保守党内部でも意見が分かれた。穏健派のイアン・ギルモアなどの「ウェット」と呼ばれる閣僚がいたが、サッチャーは彼らを閣内から追放していった。

「ウェット」派は、福祉国家に親和的なエスタブリッシュメントを意味する、伝統的な保守党の「ノブレス・オブリージュ」を体現する存在であったが、徹頭徹尾、サッチャーは彼らに敵対的な態度をとっていった。エスタブリッシュメントへの敵意は、サッチャーがみずからの支持基盤にしようとしていた大衆資本主義の担い手となる階層の心性にとっても親和的なものとなる。

愛国心の噴出

一九八二年四月二日、南大西洋の領土フォークランド諸島がアルゼンチン軍に占領された。多くのイギリス人は、その島がどこにあるのかさえ知らなかった。アルゼンチン政府は、サッチャー政権が明確な方針を決定することができずに、この戦争は楽勝で終わるだろうと思っていた。アルゼンチンの軍事行動は国際的には容認できないものであったにもかかわらず、過去の植民地主義を清算しようとする側面を含んでいた。

しかしサッチャーは、アメリカ合衆国からの物質的ならびに情報面での支援を受けながら、本国から一万三〇〇〇キロメートル離れた地に機動部隊を派遣することに成功する。このフォークランド紛争は、エグゾセ・ミサイルなど当時の最新鋭ミサイルによる攻撃がテレビ画面を通じて伝えられ、ハイテク戦争の事例として世界に強い衝撃を与えることになった。

イギリス側の損失は、死者二五五人、艦船六隻が沈没したが、六月一四日にアルゼンチン軍の降伏によって戦争は終結した。フォークランド紛争は、国内問題で窮地に陥っていたサッチャー政権にとって起死回生の転機となった。事実、翌年の総選挙での保守党の大勝利に重要な役割を果たすことになったのである。

フォークランド紛争は、もうひとつの副産物をもたらした。それは、過剰なる愛国心の高揚とい

DAILY EXPRESS
THE VOICE OF BRITAIN
V
The white flags are flying in Stanley
Ceasefire as enemy surrender their arms

図 15　アルゼンチン軍降伏を報じる『デイリー・エクスプレス』(1982年6月15日号)

う社会現象であった。主要メディアは、こぞって好戦的態度で報道し、兵士の帰還時にはサウサンプトンの港が国旗ユニオン・ジャックであふれかえった。労働党やメディアの一部にあった反戦の主張は、かき消されてしまったかのようであった。この愛国心を「帝国意識」の残滓として捉える向きもある。都市暴動が人種差別意識の暴発から引き起こされたように、そこには排外主義的な要素も含まれていたのである。

こうした排外主義的傾向があらわれたのが、サッカーのフーリガン問題であった。第四章でも述べたように、フーリガン問題は一九七〇年代以来指摘されてきたが、一九八〇年代には失業者の急増という社会不安が高まるなかで深刻化していった。なかでも一九八五年、ベルギーのブリュッセルでのUEFAのチャンピオンズ・カップ決勝では、三九人の死亡者を出した（ヘイゼルの悲劇）。「法と秩序」を強調するサッチャーは、これを契機に取り締まりを強化していった。

一九八一年のチャールズ皇太子とダイアナ・スペンサーの結婚式は、入念に準備された国民統合のシンボルとして王室をアピールすることになった。二人の結婚式はテレビの特別番組として世界中に放映されて、おとぎ話のロマンスのように王室の家庭的イメージを構築するのに役立った。サッチャーは、これらも利用して愛国心を煽ったのであった。観光業と結びついたナショナルトラスト運動、ローラ・アシュレイのファッション、英国庭園の人気などは、とりわけサッチャー政権期に市場的価値をもつものとして見出され、大衆の側でのナショナルなものへの愛着を惹起するようになったのである。

2　サッチャーの勝利

権威主義的ポピュリズム

サッチャリズムとは、一般的には新保守主義と新自由主義とのイデオロギー的混成体であるといわれる。イギリスのマルクス主義理論家スチュアート・ホールの適切な表現を借りれば、国家、国民、家族、法と秩序といった伝統的なトーリー党的保守主義のテーマを、新自由主義的経済政策と結びつけた「権威主義的ポピュリズム」こそが、その本質であった。

まず新保守主義という点からすれば、それは、イギリスの「国民の再生」を目指すプロジェクトであった。サッチャーによれば、イギリスはさまざまな「分断」に直面していた。すなわち、北アイルランド、スコットランド、ウェールズなどで発生した独立運動による民族的分断、また労働組合によるセクト的利害の主張という階級的分裂である。そして、こうした分裂を促進しているのが労働党なのであるという。したがって、それらの分断を克服するうえでの障害物の除去が、サッチャー改革の目標として措定されることになる。

新自由主義についていえば、民営化による市場原理を導入して肥大化した国家セクターを効率化し、広くは、有産階級の私的所有権を保護して財産処分の自由を拡大していくことを目的とした。それはすなわち、「ゆりかごから墓場まで」といわれた手厚い社会保障制度を削減し、福祉国家を解体することを意味していた。社会保障給付の後退は、特に若年層や母子家庭を直撃して、貧困と格差を拡大させ、社会に亀裂をもたらした。

しかし、新自由主義をこうした一連の政策体系として理解するだけでは不十分である。それは、リーマンショック(金融恐慌)で終焉するような短命なる政治経済的プロジェクトではなく、持続性を帯びた価値観として人びとの内面に浸透していったからである。新自由主義は、それにふさわしい個人、新たな主体を創出していくことになるが、これこそが新自由主義というイデオロギーに予想を超えた耐久性を与える社会的基盤を提供していった。戦後福祉国家のもとで涵養されてきた民衆的個人主義は、「大衆資本主義」の担い手としての役割に矮小化されて変容していったのである。

サッチャーは福祉国家批判を進めるにあたって、一九世紀の古典的自由主義の時代を理想化して「ヴィクトリア的価値観」への回帰を唱え、その新自由主義的政策の背景にある価値観を積極的に語り始めた。イギリスの衰退を指弾してきたコレリ・バーネットらの著作も、歴史家によるサッチャリズムとしてメディアで取り上げられるようになった。

事実、サッチャーは小規模な企業を擁護した。「雑貨商の娘」という出自に対する自負から、サーヴィス部門と自営業が同時的に成長していくことを好ましく思っていた。一九七九年から一九九〇年にかけて、国内では雇用の純粋な増加は見られなかったが、自営業者は一五〇万人も増えて全労働者の八パーセントから一五パーセントとなった。これは大量生産・大量消費の画一的なマーケティングに対する消費者の反乱を意味しており、伝統的なイギリス産ラガー・ビールの消費を推進する「本物エール運動」(CAMRA)は「小さいことはいいことだ」という価値を伝統的なパブのなかに見出したのであった。

ネオリベラリズム

サッチャー政権の二期目(一九八二―一九八七年)は、閣内から「ウェット」を排除すると、民営化を大胆に推進していった。石油、石炭、ガス、電気、航空、鉄道、通信、水道、鉄鋼、自動車などの国営企業を民営化し、公共部門の労働者の数を減らして、財政支出を抑制するととと

表5　民営化年表

	民営化された企業
1980年	British Aerospace（航空機・防衛，第1次民営化）
1981年	Cable and Wireless（通信，第1次民営化）
1983年	Cable and Wireless（通信，第2次民営化）
1984年	Enterprise Oil（石油）
	Jaguar（自動車）
	British Telecom（通信）
1985年	British Aerospace（航空機・防衛，第2次民営化）
1986年	British Gas（ガス）
	British Airways（航空輸送）
1987年	Rolls Royce（航空機エンジン等）
	British Petroleum（石油）
1988年	Rover（自動車）
	British Steel（鉄鋼）
1989年	Regional Water Authorities（水道）
1990年	Electricity Council（電力配電）

出典）湯沢威編『イギリス経済史』有斐閣，1996年，256頁．

もに、その株式を公開することによって何百万人という小規模の株主を創出した。政府の歳入を確実に増やしながら、「大衆資本主義」に向けての思想的な推進力となっていったのである。

一九八〇年の住宅法は、地方自治体の公営住宅の入居者に、居住期間の長さに応じて大幅な割引価格で住宅を購入する権利を与えた。一九八二年に政府は、金融市場の規制緩和をおこなって、掛け買いへの統制を撤廃し、ローンの円滑化を図っていった。

かくして、持ち家所有の夢は社会的な上昇志向をもつ熟練労働者の手にも届くものとなり、持ち家が住宅市場に占める割合は、一九八〇年の五五パーセントから一九九〇年の六七パーセントに引き上げられた。これによって、二〇世紀の終わりまでにはほぼ二〇〇万戸の公営住宅が持ち家へと所有を移転することになり、保守党の伝統的な理念としてきた「財産所有者民主主義」に基づきながらも、そこに新たな色彩を加え、新自由主義的なサッチャリズムの支持基盤が形成されていった。

さらにサッチャーは、「ビッグバン」と呼ばれる金融自由化政策を推進していった。一九八六年には、証券・金融市場を海外へと開放して、売り上げ手数料の自由化、資格規制の撤廃、銀行と住宅金融公庫の区別撤廃などを実施した。これによって、海外からの投資が増大するだけではなく、イギリスの金融機関が外国資本によって買収される「ウィンブルドン現象」（地元開催のテニス選手権の優勝者が外国人選手によって独占されていることを揶揄した表現）が生じた。また、金融やサーヴィス部門においては「ヤッピー（young urban professional）」と呼ばれる新種の専門職、管理職、事務職の急激な増加が見られた。

政権が安定するのは、一九八〇年代の半ば、世界経済の回復と北海油田がもたらした多額の税収によって経済が回復してからのことであった。この石油がもたらした収入は、サッチャーにとってはある意味で「天佑」であったが、その一方で急速な脱工業化が進んだことも見逃せないだろう。衰退過程にある伝統的な産業部門（金属、機械、化学）などは急速に縮小し、これらの産業を抱える地域（イングランド北東部・北西部、スコットランド）には失業が集中することになった。

サッチャリズムの経済政策は、社会関係にも甚大な影響を与えた。年配の労働者は余剰人員整理や早期退職者制度によって自発的に、あるいは不本意なかたちで職場を離れた。南部や大都市部では、失業が若年層に集中した。すべてのレベルの職種で、短期契約やパートタイム、自営業へのシフトが強まっていった。伝統ある企業の管理職やホワイトカラー層のあいだでさえも、立場の不安定性が自覚されるようになった。こうして、一九五〇年代初頭には人口の七〇パーセントを構成した産業労働者は、一九九一年には三分の一余りにまで縮小していったのである。

サッチャーは、社会保障の領域においても新自由主義的改革を推進していった。まず年金や医療保険に市場原理が導入された。一九八六年のファウラー改革では、公的基礎年金を引き下げて民間年金のほうを有利とする「隠れた民営化」がおこなわれた。サッチャーはまた、低所得者層と失業者をターゲットにして福祉の削減をはかったが、失業者の増大によって手当の受給者は、逆に一二〇〇万人（一九七九年）から三〇三万人（一九九〇年）へと三倍近くに増えた。

「内なる敵」

一九八一年の労使関係法は、二次ピケ（支援ピケ）を非合法化して労働組合の戦闘力を削ぐことになった。失業者数は、続く一〇年間も常に二〇〇万前後の数字を維持し、それにともなって人員の削減と配置換えが進行して、伝統的な経営や職場慣行の大規模な再編成が発生した。また一九八二年の雇用法は、労働組合から政治的な力を奪った。全員加入制のクローズドショップは禁止され、労働争議には事前の無記名投票での多数の同意が必要となり、争議の即応性が奪い取られた。

のちに『リトル・ダンサー』（原題 Billy Elliot 二〇〇〇年、スティーヴン・ダルドリー監督）や『パレードへようこそ』（原題 Pride 二〇一四年、マシュー・ワーカス監督）などの映画の題材とされ、戦後史の分水嶺となった事件が、一九八四―八五年の炭坑労働者のストライキであった。一九八四年二月、イギリス石炭庁（NCB）の総裁イアン・マクレガーは、全国に一七四あった炭坑のうち二〇を、採算性の低さを理由として閉鎖する計画を発表した。三月一二日、全国炭坑労働組合（NUM）の委員長アーサー・スカーギルは炭坑閉鎖に反対して、全国レベルのストライキの指令を出し、炭坑労働者の八〇パーセントがストに突入していった。

政府と保守系の新聞は、スカーギルを「内なる敵」と表現したが、実はストライキへの衝動は「下から」わき上がってきたものだった。たとえば、ヨークシャーでは、石炭庁が自分たちに何の相談もなく閉鎖を決めたことに憤慨した炭坑労働者が、スカーギルの指令の前に自発的にサボタージュに出ていた。長期間のストライキはコミュニティによって支えられ、とりわけ女性たちは妻として母として物心両面での支援を続けた。

図 16　炭坑ストが合法的であると訴える労働者たち（1984 年）Getty Images

　一九八五年三月三日、ストライキは、サッチャー政権による大規模監視、警察権力を用いた暴力的な弾圧、マスコミを動員したプロパガンダ、スト破りへの秘密資金の提供、そしてスパイ工作などによって、炭坑労働者側の敗北で終わった。サッチャーは、みずからの改革を断行する際に「この道しかない（There Is No Alternative, TINA）」というスローガンを好んで用いたが、実際には炭坑の採算性は十分見込まれたものであり、その動機は経済合理性というよりはむしろ政治的なものであった。

歴史家のラファエル・サミュエルは、次のように述べている。「サッチャー氏が政権にいた一〇年間に、彼女の言うところのヴィクトリア的価値(勤労の美徳、家族の絆、家庭の安らぎ)を最も体現した存在を探そうとするならば、それはサッチャー自身ではなく、一九八四—八五年のストライキにおいて「内なる敵」とされた炭坑労働者たちではなかったのか」と。

炭坑労働者だけではなく、地方自治体もサッチャー政権に対して抵抗を続けた。ロンドン、リヴァプール、マンチェスターなどの労働党の地盤であった自治体は、サッチャーの政策に対して地方レベルで福祉国家的政策を続けることで抵抗を続けた。だが、労働党左派のケン・リヴィングストンを議長とするロンドン州議会(Greater London Council)は、サッチャーの閣議決定によって一方的に解散させられ、中央集権化がいっそう進行した。ロンドンは、世界最大級の大都市であるにもかかわらず、計画性とインフラ整備のために責任をもつ行政機関を失うという事態にいたった(二〇〇〇年にロンドン議会 London Assembly として復活)。

一九八四年一〇月の保守党大会において、サッチャーが滞在していたブライトンのホテルでIRAによる爆破事件が起こった。隣の部屋にいた保守党幹事長ノーマン・テビットとその妻は重傷を負い、院内幹事夫人は命を落とした。だが、サッチャーは奇跡的に助かり、翌日にも予定通り討論を続行するなど怯むことなく大会運営をおこない、「鉄の女」という彼女のイメージを再び印象づけることになった。

サッチャーに対抗する野党は、どうしていたのか。労働党では、一九八〇年に左派のマイケル・フットが党首となると、右派のロイ・ジェンキンズらは離党して社会民主党を結成した。社会民主党は自由党と選挙協定を結び労働党とならぶ勢力となったが、一九八八年にはさらに選挙時の同盟関係を超えて自由党と合同し、自由民主党となった。一九八三年の総選挙後、労働党ではニール・キノックが党首になった。キノックは、党の路線を中道に戻してある程度の勢力を回復したが、小選挙区制のもとで与党に対抗する反対票が割れたことは、サッチャーに安定的な政治的基盤を提供することになった。

サッチャー政権二期目の最大の危機となったのは、一九八五―八六年に起こったヘリコプター会社の再建計画をめぐる事件、いわゆるウェストランド事件であった。再建計画をめぐる路線の対立から防衛大臣マイケル・ヘゼルタインが辞任し、それに絡む機密漏洩に関して貿易相レオン・ブリタンが辞職するなど、政権を大きく揺さぶった。だが、野党労働党の追及の甘さなどもあり、サッチャーはこの危機を何とか乗り切ることに成功したのであった。

3　サッチャーの退場

退陣への道

一九八七年総選挙は保守党が勝利して、サッチャーは三期目の政権を担うことになった。しかし、この選挙までに保守党の支持は、南東部などの田園地帯のなかでも、最も豊かなイングランドの地域に限定されるようになっていた。総選挙のあと、サッチャーは「社会などというものは存在しない」という有名な台詞を『女性自身《ウーマンズ・オウン》』誌で述べ、自助を説く個人主義的原理を鮮明にして、教育、医療、行政に関する改革を進めていった。

教育における改革では、一九八八年の教育改革法は、イギリス帝国の植民地政策を批判するような「自虐史観の偏向教育」を「是正」するために、ナショナル・カリキュラムで全国の授業内容を画一化、全国共通学力テストを実施して学校別の評価を公表し序列化するという、新保守主義と新自由主義の色彩を色濃くあわせもっていた。

医療改革では、NHSに市場原理を導入して利用者によるサーヴィスの選択と供給側での競争を通じてサーヴィスの効率化を推進しようとする、いわゆる「内部市場改革」を断行したが、

図 17　人頭税反対デモ（1990 年 3 月 31 日）
Getty Images

結局のところ医師に対する中央集権的な管理統制が強化されるにいたった。

安定的で盤石に見えたサッチャー政権ではあったが、三期目には政権の内外で軋みが生じていった。サッチャーが首相の座から追われることになる主たる原因は、ふたつあった。

ひとつは、国内における人頭税問題である。従来の固定資産税方式の地方税であったカウンシル・レートは廃止され、その代わりとして、所得や資産の多少にかかわらず一八歳以上のすべての住民を課税対象として個人に均等に課される、人頭税のかたちをとったコミュニティ・チャージを、新しい地方税として導入したのである。

この人頭税の導入によって、八〇パーセント以上の人びとが、それまでよりも多くの税を払うことになり、こうして政府は地方自治体および有権者と敵対することになった。一九九〇年三月にはロンドンのトラファルガー広場で暴動が発生して、保守党は補選での大敗が続いた。

もうひとつは、ヨーロッパをめぐる問題である。ヨーロッパ統合をめぐる対立は、政権の初期の段階から存在していた。一期目においては、欧州共同体（EC）へのイギリスの分担金を減額しようと試み、それに成功する。サッチャーの狙いは、ECが「単一市場」の創出という経済的課題に限定して、国家主権に抵触しないようにすることであった。

サッチャーは、イギリスの国家としての独立をヨーロッパという超国家的単位のもとに位置づけようとしてきた保守党の政治家たちを、マクミランにまで遡って非難した。一九八五年に欧州委員会の委員長となったジャック・ドロールの介入主義的な政策には批判的な態度をとったが、サッチャーは一九九〇年代初頭まで単一市場創出に邁進することになった。

三期目の政権では、EC内部での主要貨幣間の均衡を維持するための「ヨーロッパ為替調整メカニズム」（ERM）が議題に上ったとき、側近のナイジェル・ローソンとジェフリー・ハウは、管理された為替市場がインフレに対する抑制剤になるとして制度への加入を求めていた。

しかし、サッチャーは加盟国が市場に振り回されることを懸念しており、一九八八年にはヨーロッパの中央集権化を批判する演説をベルギーのブリュージュでおこなった。これが対立を激化させ、サッチャーとハウの関係に軋みをもたらした。ハウは一九八九年六月に副首相へと降格され、外相の座をジョン・メイジャーに取って代わられる。その後ローソンは、サッチャーの経済顧問との関係の悪化から、一〇月に政府を離れた。一九九〇年一〇月には、ハウも政権を離れた。一一月二〇日の保守党党首選挙での第一回目の投票でサッチャーは一位となったものの、閣僚たちからの勧告を受け入れ、首相を辞任することになった。

メイジャー政権

サッチャーの後継となるメイジャーの台頭は、サッチャーの支援によるところが大きかったが、本人は「サッチャーの息子」と言われることを嫌っていたという。彼は最も重要な政治的アピールが、サッチャーとの違いにあると感じていた。

メイジャーは、まず一九九一年三月に人頭税を廃止して、同年四月にカウンシル・タックスに置き換えると発表した。人頭税は、その逆進性から国民の激しい反発を招いていた。しかし、高額資産を所有する保守党支持者の存在を考えると、人頭税以前のカウンシル・レートを単純に復活させることもできず、人と資産の両方を課税対象とする税方式が考案されたのである。それがカウンシル・タックスであった。

次に、ヨーロッパ統合をめぐる問題である。一九九一年一二月、ECでは欧州連合(EU)の創設に関する協議がまとまり、一九九二年、オランダのマーストリヒトでEU設立の条約が調印された。メイジャーは、マーストリヒト条約でイギリスが社会憲章と通貨統合への参加から除外されるように取りはからった。九二年六月のデンマークの国民投票において、マーストリヒト条約批准が否決されると、ＥＲＭにおいて弱体なポンドなどの通貨は圧力を受けて下落を続けた。九月一六日、メイジャー政権はポンド下落に対して金利の引き上げで対応していたが、耐えきれずにＥＲＭからの離脱を表明した。のちに「暗黒の水曜日」と呼ばれる事態である。

メイジャーはサッチャー政権末期にポンドのＥＲＭ加盟において重要な役割を果たしていたが、ＥＲＭからの離脱は党内の欧州懐疑派の影響力を増すことになった。九三年一一月にマーストリヒト条約が発効してＥＵが発足したが、欧州単一通貨「ユーロ」への参加の是非が党内での最大の問題となった。メイジャー自身も、ユーロへの参加を否定はしないという消極的政策をとり、懐疑派へとスタンスを移動していった。

社会変化の両義性

サッチャー時代の社会の複雑な性格は、社会的不平等の増大と社会的上昇との奇妙なる結合であったといわれている。高所得者と低所得者の格差は、戦後の収斂の時代を終えて急速に拡大していった。同時に、株式保有者や管理職やホワイトカラー層の増加は、労働者階級から中産階級への社会移動をもたらした。住宅の分野では、一九七〇年代の終わりから一九八〇年代にかけて、公営住宅の住民たちがさらなる家賃の値上げに直面して、近隣コミュニティの二極化が進んだ。魅力的な公営住宅は売却されて「持ち家」となり、魅力に乏しい団地は失業者やひとり親家族のための「荒廃団地」へと転落していった。社会変化は、両義的な傾向を示していたのである。

二極化は労働者階級の内部でも生じていた。仕事のある人と失業中の人である。一九八三年以降、失業率は七パーセントを下らず、貧困は拡大し、社会的セイフティネットのいくつかは失われてしまった。一九八八年の社会保障法は、民間団体「児童の貧困対策グループ」が許容できる生活水準とされたレベルを下回るほどにまで、給付水準を引き下げた。一九三〇年代以来はじめて、失業者は手当を請求する条件として「仕事を探している」ことを示す義務を負わされた。ホームレスの人びとに街頭で販売してもらう雑誌『ビッグ・イシュー』(一九九一年創刊)のシステムも、こうした失業手当との関連で生まれた。

保守党は、社会保障の削減によって、人びとが「給付金文化」に陥るのを防止できると考えていた。福祉国家を縮小することで、「ケアする社会」を創出しようとしたのである。そのケアの負担はヴォランティアに求められたが、慈善団体側は増大する需要を満たせないと主張した。また、労働組合の権利が剝奪されていくことで、イギリスは低賃金社会になっていた。低賃金と不適切な社会保障システムによって、多くの人びとが貧困状態に陥った。完全雇用は過去のものとなり、仕事に就きたければ、訓練とカウンセリングへの出席が求められ、職業紹介所、「訓練」のための人員やアドヴァイザーといった新たな産業が生まれたのである。

一九八〇年代のフェミニストは、サッチャリズムのメッセージに激しい拒否感を示した。それは、一九八一年から始まるグレナム・コモン米軍基地での核兵器配備に反対する運動に参加した女性たちだけではない。一九八〇年代の社会が女性たちに提示したのは、家族生活か個人主義かという二者択一であった。多くの女性たちが経済的に自立できるようになったが、職を求めた女性たちの大半は、夫が失業したか低賃金であるためにやむをえず仕事を探している状態であった。したがって、結婚生活にも緊張が生じて離婚率は上昇した。シングルマザーや離婚した女性に対する給付金制度が厳格なものに変更されたことも、この傾向に拍車をかけることになった。

他方で、金髪、グレーのスーツにハイヒール、金融部門の職をもつ一九九〇年代の「新しい女性」は、マーガレット・サッチャーのイメージを模範としていた。同じことは、人種の問題にもいえる。人種差別に反対する団体は、公共支出の削減と脱産業化というサッチャーの政策を批判した。しかし、その政策はまた、ビジネス、娯楽、専門職へのエスニック・マイノリティ出身者の進出という社会的回路をつくり出しもした。

サッチャリズムは、経済的地位や階級の境界線だけではなく、人種やジェンダーの境界線をも横断しながら、イギリスにおける個人的成功や社会的上昇のルールを書き換えることになったのである。

一九八〇年代に育った「サッチャーの子どもたち」は、人生でうまくやっていこうとするならば、みずからの階級的な出自を捨て去る必要性を認識するようになった。八〇年代の終わりに実施された将来への期待と希望に関する社会科学的な調査によれば、若者たちのあいだでは個人主義的な欲望が支配的となり、仕事に就くことに関して心配し、普通にやっているだけでは安定した生活を保障されない社会に生きていることへの自覚が強まっていったのである。

第 6 章

「第三の道」
—1990-2000 年代—

ロンドンでのイラク戦争反対デモ(2003 年 2 月 15 日) ロイター/アフロ

1　中道政治の再編

無階級社会

一九九〇年代以降、政治家たちは左右の党派を問わず、「無階級社会」あるいは「中産階級社会」をスローガンにするようになった。多くの学者やジャーナリストたちの見解も、階級はもはや重要な問題ではなくなったということでは一致した。社会学者のアンソニー・ギデンズによれば、左右のイデオロギーの対立はもはや人びとの関心を引かない時代遅れのものとなり、「解放の政治」に代わって、個人の生活に関わるさまざまな問題の改善を目指す「生活の政治」が主たる問題になるとされた。

サッチャリズムの経済改革によって「株価上昇、信用創出、消費と投資の拡大、株価上昇」という新自由主義的なサイクルをつくり出すことで、一九八〇年代に一パーセントにとどまっていた経済の成長率は、一九九〇年代には二―四パーセントへと回復した。イギリスがグローバル化した市場において世界の多くの地域と経済競争を重ねるにつれて、イギリス国内を分裂させてきた「二つの文化」は、ゆっくりとひとつになりつつあった。

この背景にある社会変容は、きわめて複雑である。一九八〇年代と九〇年代を通じて格差は拡大したが、労働者階級は縮小し続け、厖大な「階級なき中産」が、イギリスの文化の中心であるように感じられ始めた。労働党系の雑誌『ニュー・ステイツマン』の表紙には、中産階級社会への変容を示す戯画が掲載されている（図18）。「階級なき不平等」と呼ばれることもあるこの変化のなかで、労働者階級は消滅することはなかったものの、その数は三分の一までに縮小した。

図18　中産階級社会へ（『ニュー・ステイツマン』1999年3月19日号）

新しい中産階級は、労働者階級の環境で育ってきた人びとによって構成されていたが、旧来の労働者階級と中産階級の文化の要素をひとつにまとめて、一九九〇年代独特のスタイルをつくりあげた。労働者階級からは公教育への熱意を継承し、中産階級からは高等教育への意欲を継承した。これは、一九九〇年代になって、保守党と労働党の政権が双方とも、一八歳以上の高等教育進学率をヨーロッパの水準にまで引きあげる政策を掲げたことによるものだった。

一九九〇年代の政治も、こうした社会変化に対応した中道の再配置といった観点から眺めることができる。たとえば、サッチャーの後を継いだジョン・メイジャーも、「無階級社会」を創出すると宣言した。メイジャーは一九四三年生まれで、南ロンドンのブリクストン地区の長屋式住宅(テラスドハウス)の家庭の出身であり、父親は旅芸人であったと言われている。グラマー・スクールを退学し、ほとんど高等教育も受けていなかったが、保険ブローカーを皮切りに失業やさまざまな苦労を経験して、政治家の道へと入って首相にまで昇りつめる。

その社会的上昇の軌跡こそが「無階級社会」や「真に開かれた社会」を示しているとメイジャーはみずから考えていた。党首選出馬に際しては、このフレーズを掲げて、人びとが能力と意志、努力に応じて社会的上昇を達成できる社会の建設を唱えたが、単なるスローガンの域を出ずに、やがてほとんど言及されることはなくなってしまった。

新労働党

労働党は、一九九二年の総選挙にも敗れた。敗北の原因は、南北問題にあると考えられた。イギリスにおいては、南と北は単なる地理的な概念ではなく、政治社会的な概念である。北部はマンチェスターなどの大都市を中心とした工業地帯であり、伝統的に労働党の支持基盤であった。これに対して、南部はホワイトカラーなど中産階級の持ち家世帯が多く、保守党の支持が強いというものであった。

一九九二年総選挙において労働党は、ほとんど南部で議席を獲得できなかった。いかにして中間層の支持を獲得するか。「労働組合とストライキの党」という七〇年代の労働党イメージを払拭することが求められていた。一九七九年から四回も続けての総選挙での敗北は、労働党に党の刷新の必要性を痛感させることになり、党の近代化をめざす人物の登場を促していくことになった。一九九四年にジョン・スミス党首が急死したあと、それは若い世代によって遂行されていった。

トニー・ブレアとゴードン・ブラウンはそうした改革派のスターとして登場し、党の近代化の必要性を共有していた。ブラウンは、知的に聡明であり、スコットランド教会の牧師の息子として生まれ、同じスコットランド出身のスミス党首に仕えていた。

ブレアは中産階級の出身であり、クレメント・アトリー、ヒュー・ゲイツケルなどと同じくオクスフォード大学の出身であったが、労働者階級の出身ではないことを長所として謳い、中流の価値観を理解できる存在として自己をアピールした。ブレアは、政策内容を簡潔でアピールしやすい言葉に要約する「サウンドバイト」の名人となり、マスコミ受けする容貌と相まって、カリスマ性を高めていった。

一九九四年七月の党首選では、ブレアが立候補して勝利する。ブレアは四一歳で、ブラウンよりふたつ年下であったが、彼の勝利が意味するのは「世代交代」であり、若さ自体を美徳として、また政治的メタファーとして利用した。一九九四年一〇月の党大会のテーマは、「ニューレイバー、ニューブリテン」であった。すでにスミス党首の時代に「一党員、一票」という原則を確立して労働組合の影響力を削減していたが、ブレアはさらに労働党の社会主義的信条の核とも言うべき党綱領第四条を撤廃しようとしていた。

党首の指導力は、党にリクルートされた新規一般党員によって支えられたが、この新規党員は、私企業に対して好意的であり、労働組合にはあまり親近感をもたず、富の再分配に関心が薄いことが明らかとなっている。それは、かつて労働党を離脱し社会民主党へと流れた中道の支持者や活動家の多くを労働党に引き戻すこと、つまり労働党の中道政治へのシフトを意味していたのである。

一九九七年五月一日の総選挙は、労働党の地滑り的な勝利に終わり、ブレア政権が誕生した。それはブレアの言葉を借りれば、「新たな夜明けの到来」だったのかもしれない。「私たちはニューレイバーとして選出されたのであり、われわれはニューレイバーとして統治するだろう」。保守党は、ヨーロッパ統合問題をめぐって分裂していたが、選挙の敗北によってさらに右傾化して魅力を失っていった。

新たに選出された労働党の議員は、労働組合の叩き上げの活動家が少数派となり、それらに代わって、ジャーナリストや弁護士などの中産階級専門職、移民や女性、セクシュアル・マイノリティ(LGBT)が意識的に登用された。このことは、労働者階級・労働組合の党から中産階級の多文化主義の党へという、労働党の変容を象徴するものであった。

ブレア政権ができるまでに、多文化主義という理念は、政府や社会レベルで広く受け入れられるようになっていた。「多文化主義(multiculturalism)」の言説は、一九八〇年代の終わりまでにエスニック・マイノリティ(とくに西インドやアジア系移民の末裔たち)とマジョリティとの関係性を表現する言葉として登場し、「人種関係(race relations)」という言葉に取って代わった。多文化主義という言葉は、一九五〇年代や一九七〇年代の人種主義の暗黒時代からの移行を示す、新たな「社会的包摂」のイデオロギーとして機能していくことになる。

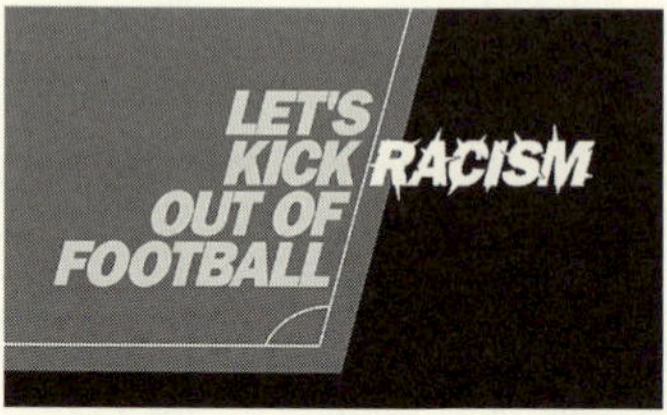

図19　「人種差別を蹴りだそう」キャンペーン・ロゴ

かねてより労働党政権は、たとえば一九六五年の人種関係法の制定に尽力するなど、人種関係の改善に取り組んできたが、ブレア政権時代にはさらに強調されることになった。一九九七年には、黒人青年が白人の若者集団によって暴行され、駆けつけた警察官によって放置されたために死亡したスティーヴン・ローレンス事件(一九九三年)に関する調査委員会が立ち上げられ、委員会による警察機構の検証を通じて、初動捜査が適切におこなわれなかったことが明らかとなり、警察内部に残存する制度的人種主義が指弾された。一九九八年には人権法が制定されて、あらゆるタイプの差別や偏見から個人を守る平等人権委員会が設立された。人種的ヘイトクライムを違法化する立法も進んだ。

多文化主義という新たな秩序のなかでは、機会の平等が黒人、アジア系、白人のあいだで達成され、食文化、大衆文化、スポーツなどの分野で、より豊かで多様な社会になりつつあると考えられた。エスニック・マイノリティは労働党支持の傾向が強いが、彼らの政治的進出も労働党を回路としておこなわれることが多い。労働党は、一九八〇年代から都市部を中心にマイノリティを選挙区の候補者として立て、政治の「人種化」「多文化主義化」を引き起こしてきたといえる。

移民たちは、ポピュラー音楽の分野でも、エキゾティックな要素を持ち込んで、レゲエやヒップホップの発展に寄与した。ファッションでも、アジアやアフリカの要素が加えられた。食文化でも、イギリスのインド支配に起源をもつカレーが、イギリス人好みの肉料理としてアレンジされ、第二次世界大戦後にバングラデシュ人の手によってレストランが経営され、人気を博すようになった。中国料理も一九五〇年代以降に普及して、一九八〇年代以降には多国籍企業やスーパーマーケットで「レディミール」のかたちでカレーやイタリア料理などとともに販売されるようになった。

スポーツの領域でも、多文化主義化が進んだ。黒人サッカー選手の顕著な活躍は、一九五〇年代の西インド諸島からの移民を親にもつ若者人口が増加した一九七〇年代や八〇年代から始まる。一九九七年までにはプロサッカー選手の一五パーセントが黒人選手となり、その三三パーセントがプレミアリーグに在籍していた。キャンペーン「人種差別を蹴りだそう(Let's Kick Racism out of Football)」の効果もあって、人種差別的な発言やスタンドからの野次も減少していった。

2　第三の道

新しい社会民主主義

政権二年目の一九九八年にブレア首相は、『第三の道 新しい世紀の新しい政治』という政策文書を発表した。この「第三の道」路線のブレーンとなったのが、社会学者のギデンズであった。ここでいう「第三の道」とは、伝統的な社会民主主義でもなくサッチャーの新自由主義でもなく、その対立を乗り越えていく新たな路線を意味していた。結果の平等ではなく機会の平等が強調され、国家による福祉供給ではなくコミュニティの活力を利用した相互扶助の原則が示された。また犯罪にも厳しくするが、犯罪を生み出す原因の克服にも真剣に取り組むことを強調した。

経済部門では、「知識に基づいたサーヴィス型経済」を唱えた。それはサッチャリズムの「起業文化」を継承するものであり、規制から自由な「人びとが新しい仕事を求め、新しいスキルを学び、新しいキャリアを求め、新たな事業を立ち上げ拡大する機会を国民に与える経済」とされた。知識や情報が基盤となるグローバルな競争的経済では、貧困層への再分配は機能しないので、「人的資本への投資」が重要となる。一九九六年の労働党大会で、ブレアが「大切なことは三つある。教育、教育、教育だ」とサウンドバイトで述べたのは、こうした認識を表明したものであった。

ブレア政権の最初の経済政策は、政府がもっていた金利設定権のイングランド銀行への委譲であった。この政策の意味するところは、マクロ経済的安定性の重視である。つまりそれは、再分配などの支出を重視し需要管理を軸とした大きな政府を基調とする、かつての労働党政権のケインズ主義的経済政策とは異なり、マネタリスト的政策と共通性をもつものだった。しかし、所得税を減税する一方で、同時に中高所得者層には増税をおこなうなど、労働党の再分配の政策も継承していた。

「第三の道」路線を象徴するものが、貧困への新たなアプローチであった。そこでは、ギデンズにならって経済的原因にとどまらない社会的・文化的要因なども加味した「社会的排除(social exclusion)」という言葉が用いられている。ブレア政権での経済社会政策を主導したのは、大蔵大臣のブラウンであったが、彼はサッチャリズムとは異なり、貧困の緩和や再分配を志向する点では社会民主主義的なエートスを復活させる政策をとった。ただし、ブレア政権は失業給付の増額といった直接的な再分配ではなく、「福祉から労働へ」というスローガンのもとで就労支援政策を推進した。これらの経済社会政策は伝統的な労働党の手法とは異なるが、サッチャー政権期以降の新自由主義的政策の修正を目指しており、「新しい社会民主主義」という「第三の道」を体現するものであった。

大統領型政治

ブレアは、政治スタイルとしては議院内閣制のイギリスでは異質な、大統領的ともいえるトップダウン方式を採用している。これはすでにサッチャー政権期にも見られたが、ブレアは意識的にそれを採用して確立していった。具体的には、第一に、首相官邸に政策顧問を配置し、内閣府には「政策ユニット」を設置して、首相戦略室などによって少数による政策決定・調整機能を強化していった。第二に、官邸に直属する戦略コミュニケーション室を設置して、首相個人がメディアを通じて直接国民に語りかける回路を創出した。

スティーヴン・フリアーズ監督『クィーン』(二〇〇六年)は、元チャールズ皇太子妃ダイアナの死をめぐって生じた王室の危機をモチーフにつくられた作品である。ダイアナの死に対して、当初エリザベス女王をはじめとする王室が冷淡な態度をとったことは、多くのイギリス国民を失望させた。これに対して、ブレアは彼女を「人民のプリンセス」と称え、国民の支持をえる。

このスピーチでブレアを有名にしたスピンドクター（報道対策アドバイザー）のアラステア・キャンベルによるイメージ戦略の舞台裏が、この映画で描かれている。

ブレアが実施していった大胆な政策のなかでも「地方への権限委譲」（デヴォリューション）は、連合王国の国制に大きな変化をもたらした。一九九七年の総選挙で保守党はスコットランドで一議席もとれず、スコットランドの住民投票では、独自議会の開設という権限委譲そのものに関しては七四・五パーセントの賛成票、課税権に関しては六三・五パーセントの賛成がえられた。続いておこなわれたウェールズの住民投票では辛勝だった。それはより限定された権限の委譲ではあったが、ウェールズ議会の創設を承認するものであった。

また、世襲貴族が多数を占めて民主主義的性格が損なわれていた貴族院（上院）に関しては、ほとんどの世襲貴族議員を排除する改革に踏み切り、貴族院の民主化へと舵を切った。ブレアは、これらを「過去二〇〇年間で最大の国制上の改革」であると自負した。

ブレアが手腕を発揮したのが、とりわけ外交面であった。北アイルランド問題に関しては、首相就任の二週間後にベルファストを訪問して対話を再開する。彼は、ナショナリストとユニオニストの自発的な合意を促し、期限を明確に設定するという手法に訴えた。その結果、約一年後の一九九八年四月には、「聖金曜日協定」によって北アイルランドにおける闘争の歴史に終止符を打つ画期的な和平合意への道が開かれた。ブレア政権は、イギリスだけが適用除外されていたヨーロッパ社会憲章を批准して、ヨーロッパでの主導権を握ろうとしてユーロへの参加にも熱意を見せていた。しかし、通貨統合の問題は経済問題でもあるために、ブラウンの反対に遭い頓挫することになる。

ブレアがさらに指導力を示したのは、一九九九年のコソボ紛争であった。旧ユーゴスラビア共和国のコソボ自治州に対して、セルビア軍が攻撃を仕掛け、アルバニア系住民に対する虐殺行為がおこなわれ、数万人規模の難民が発生していた。人道的側面から何らかの介入が求められていたが、一九九九年三月、ＮＡＴＯ軍が軍事介入して空爆をおこなった。

コソボ空爆の過程では「倫理外交」という外交方針が確立していった。倫理や人道の面での公正さを地球規模で求める、そのためには軍事行動をも辞さないというものである。後年、これがイラク戦争を正当化するうえでの論理として用いられるが、それはブレアにとっての致命的な政治的判断の誤りとなる。

クール・ブリタニア

一九九七年にアメリカの『ニューズウィーク』誌が、イギリスでの新たな文化の急激な台頭に対して「クール・ブリタニア」という表現を与えた。これに便乗して、労働党政権は若くてモダンな文化を新労働党と結びつけようとして、さまざまな政策をおこなった。文化産業を抱き込みながら、「文化・メディア・スポーツ庁」を新設し、宝くじの収益金が文化、ＩＴ教育などに流れ込むシステムを構築して、グローバル化されたポスト産業社会における国家ブランド戦略としてクール・ブリタニアを打ち出したのである。

ロンドン・ドック地区にある巨大展示施設「ミレニアム・ドーム」は、保守党政権によって計画され、労働党政権によってミレニアム・イヤー（二〇〇〇年）の一月一日から一般公開されたが（開会式は前年一二月三一日）、これも宝くじの収益を資金として建設され話題を呼び、クール・ブリタニアの象徴とされた。

映画産業の推移については第二章で触れたが、一九八四年には二四〇〇万人という戦後最低水準にまで観客数が落ち込んでいた。しかし、この数は一九九四年には一億二四〇〇万人にまで上昇した。その引き金となったのは、シネコンでの消費者の選択の拡大である。産業としての映画は、宝くじ基金からの資金を導入して、良質の作品を制作するようになり、そこから「ブリティッシュ・ニューシネマ」と呼ばれる潮流をつくり出していった。『トレイン・スポッティング』（一九九六年）、『フル・モンティ』（一九九七年）などの映画は、サッチャリズムが生み出した社会問題を主題にしてヒット作品となった。

ポピュラー音楽は「ブリット・ポップ」としてアメリカ支配に対抗するものとなり、労働者階級的なロックグループのオアシス、スパイスガールズなどのスターを生んだ。

かつては労働者階級男性の文化であったサッカーも商業化されて、ジェンダーのギャップを超えて中産階級の文化として再登場してきた。マンチェスター・ユナイテッドは、スポーツチームを市場化するという戦略を系統的に追求したクラブであり、クラブはスポーツの衛星放送での放映権を獲得して、年間の試合での収入だけでなく関連商品を商品化することで巨額の収益を確保するようになった。

人気のサッカー選手は、雇用条件が改善され、一九九五年にはフリーエージェント制度が確立して、巨額の報酬を獲得するようになった。マンチェスター・ユナイテッドのデヴィド・ベッカムのような選手になると、ひと世代前の年収の額を週給として稼ぐほどであった。容姿に優れた選手は、広告契約の交渉権を獲得することができ、単なるサッカー選手ではなく「国民的偶像」ともなった。

文学もまた商業化された形態で発展した。人気ファンタジー小説『ハリー・ポッター』の作者であるJ・K・ローリングは、シングルマザーとして困窮していたが、生活保護を受けながらも執筆活動を続けた。市場価値をもった一連の作品は映画化され、世界中で四億部以上を売り上げ、イギリスの外貨獲得に貢献することになった。彼女は、イギリス史上最も成功した作家とも呼ばれるようになった。

3　危機の時代

戦争とテロ

二〇〇一年九月一一日のアメリカ同時多発テロは、世界を震撼させた。ブッシュ大統領は、一〇月七日、テロの首謀者とされるオサマ・ビン・ラディンを匿っているアフガニスタンへの空爆を開始する。二〇〇三年三月二〇日、今度は大量破壊兵器を製造しているとされたイラクへの空爆をはじめた。このイラク戦争へのイギリスの参戦は、二〇〇二年八月に決定していたとされる。

ブレア首相の念頭にあったのは、チャーチルのいう「三つの輪」のうちの帝国を失ったいま、イギリスのとるべき外交政策はヨーロッパとアメリカを繋ぐ架け橋になるというものであった。したがって、アメリカとの友好関係を維持するため、最初から参戦ありきの政治プロセスであった。参戦の理由である大量破壊兵器に関しても、「四五分以内に大量破壊兵器の配備が可能」とする虚偽の報告に基づき、サダム・フセインの脅威を捏造していったのである。

イラクへの武力攻撃に関しては、国内世論は戦争反対が大勢を占めていた。二〇〇三年二月一五日、ロンドンのハイドパークからトラファルガー広場まで、路上は一〇〇万人にも及ぶ群衆で埋めつくされていた。イラクとの戦争近しという緊迫した状況のなかで、イギリス史上最大規模の街頭デモが繰り広げられたのである。

両大戦間期の宗教的平和主義(クエイカー教徒)、戦後は一九五〇年代に始まる核兵器廃絶運動(第二章参照)、一九六〇年代のヴェトナム反戦運動など、イギリスには反戦平和主義の伝統がある。このデモは、戦争が始まる前に大規模におこなわれたという点で画期的であった。伝統的な組織的動員の方法に加えて、インターネットの普及が空前の規模の参加を可能としたとも言われる。それは、ヨーロッパに始まり中東からアメリカへとグローバルな規模で展開することになる運動の一環でもあった。

二〇〇五年七月七日、ロンドンの地下鉄三カ所で、地上では二階建てバス一台で、時限式の爆発物が爆破され、五六名が死亡、多数が負傷した。私はロンドン大学で開催中の歴史学会(英米歴史家会議)に参加していたが、途中から司会者がひそひそと話し合う異例の雰囲気のなかで、会議の中断が宣言された。会場を出ると一帯には非常線が張られていた。テロの現場だったのだ。

七月六日からスコットランドのグレンイーグルズで「気候・環境変動」に関するG8サミットが開催中であったが、ブレアは会議を中座してロンドンに戻り、テロに関する緊急声明を読み上げた。サミットの議題は急遽テロに関するものに変更された。イラク戦争とテロとの関連が疑われるなか、ブレアは政治的に窮地に陥っていく。実行犯がイスラーム過激派の思想に影響を受けていたとされ、テロの脅威に晒されると同時に、通信傍受など市民への監視の強化が図られ、市民的自由が侵害される事態が進行していった。

このテロ事件の特徴として指摘されてきたのが、イスラーム過激派に影響を受けたホームグロウンの犯人によるテロリズムであったことだ。「ホームグロウン・テロリズム」とは、海外から流入したテロリストによるものではなく、国内で生まれ育った者が、国外の過激な思想に共鳴して国内でテロを起こす行為をいう。移民二世・三世の若者が、社会に適応できずに疎外されて、生まれ育った社会に対して敵意を抱くことになり、彼らがイスラーム過激派の思想に刺激されて犯行にいたったというのである。

移民社会の形成のなかで、イギリスの宗教的構成は変化していた。キリスト教の影響力は、世俗化されて失われていった一方で、都市部では新たにイスラーム教やヒンドゥー教などのコミュニティが形成されていった。キリスト教の教会がモスクに取って代わられたところもある。

金融危機

一九九〇年代初頭の景気後退のもと、一九九二年のERMからの離脱、事実上のポンド切り下げを余儀なくされたのち、イギリスの経済は成長軌道に乗った。この成長は一六年続き、二〇〇八年のリーマンショックによって中断された。これは、イギリスの近現代史における最も長い持続的成長であった。

一九九七年以来、労働党は、持続的成長期の大部分の時期にわたり、政権の座にあった。この成長の軌道は、前首相のジョン・メイジャーによって敷かれていたものだが、労働党は、この新自由主義の成長モデルを強化していった。政権は、好景気の時期とそれにともなうバブル、とくに住宅価格の高騰と深く結びついており、二〇〇七年から二〇〇八年にかけてのバブルの崩壊と金融市場の暴落は、政権与党の労働党を直撃することになった。二〇〇七年にブレアから首相の座を引き継いだゴードン・ブラウンは、「過去一〇〇年で最高の大蔵大臣」という名声をほしいままにしてきただけに、金融危機に直面して、その責任を追及され、危機への対応の手腕を問われた。

二〇〇八年九月、アメリカの金融会社リーマン・ブラザーズの破綻に端を発した金融危機は、すぐさま世界的に波及、金融部門を主要な産業とするイギリスも大きな影響を受けた。金融機関はもちろん、自動車産業などの経済部門も危機に陥る。ブラウン首相は、「経済戦時内閣」を組織すると、一〇月にはロイヤルバンク・オブ・スコットランドやバークレイ銀行など金融機関への公的資金の注入を発表した。さらにブラウン首相は、国際的にもリーダーシップを発揮して、各国による協調した財政出動を主導していった。

かくしてブラウンは、大手銀行の倒産を防止して国際的な協調行動を指導することで決断力を示して支持を回復し、金融・経済危機を政治的リーダーシップの確立へと活かしたかに見えた。しかし、二〇〇九年一月に雇用や生産の悪化が伝えられ、二〇〇九年にはイギリス経済が先進国のなかで最大のマイナス成長に陥るというＩＭＦの予測が、労働党の人気に陰りを生じさせた。

保守党は、サッチャー政権によるビッグバン以降、危機が発生するまで国際金融センターとしての金融街シティと一体化していたが、危機の原因を労働党の弛緩した金融規制に求めて責任を転嫁した。保守党は、かつて労働党が政権にあった一九三〇年代や一九七〇年代の危機と結びつけながら、二〇〇八年の金融危機を労働党の政策的失敗として非難する物語を構築していった。

二〇〇九年に、再び危機は深化していった。それは先進国共通のものであったが、イギリスの危機は最悪のレベルに達していた。リーマンショック後の金融危機でイギリスがとりわけ強い影響を被ったのは、金融業を中心にすえて経済成長を達成するという産業構造が原因となっており、それはブラウンが大蔵大臣時代に推進した経済政策の結果であるという批判を受けることになった。二〇一〇年の総選挙では、労働党は緊縮政策を掲げるデヴィド・キャメロンの率いる保守党に敗れる。

格差社会の病理

一九八〇年代、九〇年代の経済政策によって、イギリスの社会構造は大きく変容した。北部の製造業地帯は衰退して、南部の金融・サーヴィス業が活況を呈した。それに促されて、新たな中産階級が勃興して、労働者階級は狭く囲い込まれていった。労働組合は弱体化して雇用や労働条件に関する規制力を失い、人びとは低賃金と劣悪な労働環境での労働を強いられるようになった。格差社会が到来したのである。

実業界の名士、企業勤務の専門職、金融業界や新聞業界の大物や貴族のような、上位一〇パーセントの富裕層の収入が国民所得に占める割合は劇的に増加した。それに対して、何百万人もの年金生活者、肉体労働者、コールセンターで働く人、介護施設の職員、看護師、補助教員、掃除人、オフィス労働者といった人びとは、平均国民所得の三分の一未満で生活をしていた。

拡大する不平等は、人びとの健康をも蝕《むしば》んでいくことになった。二〇一〇年に刊行されたリチャード・ウィルキンソンとケイト・ピケットの『平等社会』は、「なぜ不平等が私たちにとって悪いことなのか」をめぐる研究書であったが、ベストセラーとなる。それによれば、経済的不平等が拡大すると不安障害やうつ病が広がっていくというのである。

こうした健康障害は、最も貧しい人びとのあいだで拡大しているが、専門職や給与所得者も同じように苦しんでおり、最富裕層を除くすべての人びとにとって悪影響を及ぼした。二〇一一年には、一億三一〇〇万日の労働日が病気のために失われたとされる。これは働く成人ひとりにつき、約四・五日が失われたことを意味している。もっとも上位を占める原因は、ストレス、抑うつ、不安であった。同じ時期には、うつ病などの精神の不調を抱えながら仕事に行く人の数が急激に増えた。

歴史家のセリーナ・トッドは、ブレア政権が「アンダークラス」と呼ばれる、脱工業のなかで職を失い、長期的な福祉給付への依存に陥った人びとに焦点を当てることで、経済的不平等に取り組まずに貧困問題を解決しようとしたことには限界があったと指摘している。労働組合の規制力が後退することによってイギリスは低賃金社会になっていたし、非正規労働が拡大されていた。一九九八年には最低賃金法が導入されたが、急速な拡大を見せたのはパートタイムや臨時雇用の職であった。ブレア政権期には、公共部門にもＮＨＳにも非正規労働が導入された。

まじめに働いてもわずかな報酬しかえることのできない人びとの不満は、生活保護受給者などを「金をせびる人」としてバッシングする方向に向かっていった。福祉給付金依存者に向けられる怒りは、自分たちが置かれた状況への失望によって喚起されるものであったが、それは移民労働者にも向けられることがあった。

二〇〇五年地方選挙では、極右勢力の英国国民党（ＢＮＰ）が数は少ないものの議席を獲得した。二〇〇九年の欧州議会選挙では、連合王国独立党（ＵＫＩＰ）が躍進した。第七章で詳しく見るように、これらは白人労働者階級が既存の政党から無視されていることへの不満の表明とされ、この「無視された階級」は社会の潜在的な脅威として、現在にいたるまでイギリス政治を翻弄することになる。

第7章
岐路に立つイギリス
—2010年代—

ロンドン五輪開会式(2012年7月27日) AP/アフロ

1　緊縮政策

大きな社会／壊れた社会

二〇一〇年五月の総選挙では、過半数を超えた政党が存在せず、保守党は自由民主党との連立政権を樹立して、労働党からの政権交代を成し遂げた。この選挙で保守党の選挙スローガンとなったのが、「大きな社会（Big Society）」であった。選挙後の二〇一〇年七月にも、デヴィッド・キャメロンは講演で次のように述べていた。「私は「大きな社会」の構築に情熱を持っている。この思想は私が保守党党首になり、野党時代を通じて語ってきたことであり、「大きな社会」の実現に向けて現実的なステップを説明したい」と。

キャメロンは、二〇〇〇年代のイギリス社会が、「アンダークラス」の増加やモラルの低下により「壊れた社会（Broken Society）」になっているという現状認識から出発した。「大きな社会」は「壊れた社会」の再建を掲げていたが、その政治的意図は「小さな政府」という点でサッチャリズムとの連続性を示しつつ、ブラウン前労働党政権に見られた「大きな政府」「重税国家」を批判しようとするものだった。キャメロンも、慈善団体などヴォランタリー部門を活用した公共政策をおこなうという点では、「第三の道」との共通する側面をもっていた。さらにキャメロンは、「思いやりのある保守主義」を掲げて保守党の側から新労働党の政策を流用し、保守リベラルといった印象を有権者に与えることになった。

二〇一〇年五月一一日、キャメロンが率いる新内閣が発足した。この連立政権のジョージ・オズボーン大蔵大臣は、四〇〇億ポンドの歳出削減を盛り込んだ予算案を発表した。政府は、リーマンショック後の労働党政権による財政支出を引き締めようと、緊縮財政に転じたのである。緊縮政策下では、公務員の賃金を凍結し、二〇一一年からは社会保障給付金を削減する「改革」がおこなわれた。

二〇一三年より導入された「ユニヴァーサル・クレジット」は、現金給付の一元化を狙いとする社会保障改革であったが、それと同時に貧困層への再分配の意味をもつ求職者手当などが削減されていった。こうした社会保障費の削減は、年二万ポンド未満の収入しかえられない仕事に就いている労働者に影響を与えた。人びとは日々の生活をやりくりするのが精一杯となり、たとえば、イギリス最大のフードバンク組織「トラセル・トラスト」によって提供されたフードバンクの利用者数は、二〇一三年には三〇〇パーセントも上昇した。「フードバンク」とは、

図 20　ソールズベリーのフードバンク（2010 年）Getty Images

市場で流通しなくなった食品を生活困窮者に配給するヴォランタリーな活動のことだが、その現状がケン・ローチ監督の映画『わたしは、ダニエル・ブレイク』（原題 I, Daniel Blake 二〇一六年）でも描かれたことは記憶に新しい。

また「ユニヴァーサル・クレジット」は、「就労」することが給付の受給よりも有利になることを定め、労働へのインセンティヴを強化していった。これは、生活保護からの締め出しを推進することになり、生活保護受給者層は求職を開始した。しかし、勤労経験やスキルのない人でも働くことができる職は、外国人労働者に占領されており、また出稼ぎ移民が増えることによって労働者の賃金が著しく低下していた。

その結果、こうした人びとの怒りがＥＵ圏からの出稼ぎ移民に向かっていった。事実、一九九〇年代以降、ＥＵが東ヨーロッパに拡大していくにしたがい、加盟した東欧諸国、とくにポーランドなどからの移民労働者が激増することになった。現在のところ、イギリス国内に居住するポーランド人は六〇万人を超えているが、それはインド系に次ぐ二番目の多さであり、そのほとんどが二〇〇四年以降に移住している。

そうした労働者階級や「アンダークラス」と言われる社会層の不満を吸収し、急激に勢力を拡大しているのが、連合王国独立党（ＵＫＩＰ）である。一九九三年に設立されたＵＫＩＰは急進的な移民制限やＥＵ脱退を訴えて、二〇一四年の欧州議会選挙では、既存の政党を押さえて第一党となって衝撃を与えた（イギリスに与えられた七三議席中二四議席）。政府による緊縮政策が、ＵＫＩＰのようなポピュリズムの台頭を招いたといえようか。

ロンドン五輪

二〇一二年八月に開催されたロンドン五輪の開会式は、前章で紹介したクール・ブリタニアの旗手であった映画監督ダニエル・ボイルの総監督のもと、イギリスの歴史と文化をモチーフとした多様なパフォーマンスから構成されていた。緑豊かな田園地帯から農村工業が勃興して産業革命を成し遂げると、労働運動、女性参政権運動が発生し、第二次世界大戦後はＮＨＳに象徴される福祉国家を確立、戦後はビートルズなどのポピュラー音楽やファッションの発信地となった、というストーリーである。イギリスが世界に誇るのは帝国ではなく、産業革命と福祉国家、そして人権や文化であるというメッセージが込められていたのである。

スコットランドやウェールズ、北アイルランドと同時中継で結びながらの合唱は、イギリスが複合国家であることを思い起こさせてくれた。また障がいをもつ子どもたちも参加しての演奏は、同時に開催されるパラリンピックを意識したものであったが、そのパラリンピックをかねてより推進してきたのが、ほかならぬイギリスだった。一九四八年ロンドン五輪の開会式と同日におこなわれたストークマンデヴィル大会が、パラリンピックの起源とされている。

しかし、ロンドン五輪開催の前年、二〇一一年八月六日にロンドン・トッテナム地区、バーミンガム、マンチェスター、リヴァプール、ブリストルなどで発生した都市暴動が、緊縮政策に揺れるイギリス社会を震撼させていた。この暴動はソーシャルメディア(SNS)によって拡大していったが、暴動における逮捕者の五割を占めたのが、「チャヴ(chav)」と呼ばれた低所得の若年層であった。

この暴動の背景にあったのが、ロンドンでの五輪の開発事業による格差社会の進行、緊縮政策による所得の再分配の悪化、直接的にはトッテナムでの警察官による黒人青年の射殺であった。この暴動が、キャメロンの進める緊縮政策路線がもたらした帰結であったのか、あるいは「壊れた社会」を改善していく「大きな社会」がさらに求められていることを示すものであったのかについては、今もなお論争が続いている。

五輪と前後してロンドンでは、都市の再開発が「ジェントリフィケーション（gentrification 階級浄化）」というかたちで進行していた。ブリクストンやハックニーといったロンドンの庶民的な地域が再開発の対象となって、地価の高騰によって貧困層が居住できなくなり、移住を余儀なくされていた。その一方で、かつてサリーなどのロンドン近隣州に居住していた富裕な中産階級が中心部へと戻ってきた。

こうした中産階級は「ヒップスター」と呼ばれており、長いひげやニット帽、ヘルシーでオーガニックな食生活、クラフトビールなど、その「クールな」生活スタイルが伝統的な住民とのあいだで摩擦を呼ぶようになった。二〇一五年九月には、ロンドン東部で高級シリアル専門カフェが暴動の対象となる事件が起きたが、これは格差社会のもとでの対立を示す事例といえよう。

2　レファレンダム

スコットランド独立投票

一九九七年からのブレア労働党政権の時代に地方分権化（権限委譲）が進められ、一九九九年にはスコットランドが独自の議会を開設したことは第六章に述べた。これによってスコットランドの独立志向は一時的に抑えられたかのように思われたが、二〇一一年にはスコットランド独立を掲げるスコットランド国民党（SNP）が議会で単独過半数の第一党になり、党首アレックス・サモンドが、スコットランド自治政府の首相に就任する。

サモンドは、二〇一二年にエディンバラでキャメロンと会談して合意書に署名、二〇一四年には独立をめぐる住民投票が、スコットランドに在住する一六歳以上の有権者によりおこなわれることになった。これに対しては、保守党、労働党、自由民主党の主要三政党がこぞって独立反対を表明した。

SNPの独立の主張は、格差の進行するイングランドを中心とした連合王国への異議申し立てである。SNPは、ナショナリズムや民族主義を想起させるその政党名からは、やや異質な政治的主張をしている。それは、ヨーロッパの社会民主主義政党の流れに与《くみ》するものであり、内政面では、貧困層への社会保障、教育費の公的な負担、累進課税方式の採用、賃金の引き上げなどを掲げると同時に、トライデント・ミサイルを搭載した原子力潜水艦の寄港禁止などの核軍縮政策も唱え、外交の領域においては、スコットランドの連合王国からの独立、独立後はEUへの加盟と通貨としてのユーロの導入を提唱している。

その意味で、ブレアの「第三の道」以降、中道寄りの路線を強めた労働党よりも、社会主義的な色彩を強くもっており、戦後イギリスの福祉国家の伝統をもっとも忠実に引き継いでいるともいえる。スコットランドでは、現在も大学の学費は無料であり、ＮＨＳの薬代も無料となっている。

二〇一四年九月一八日、事前の世論調査では賛成と反対が拮抗した状態で、住民投票が始まった。賛成票は三二あるカウンシル（地方自治体）のうち、最大都市グラスゴーをはじめとする四つのカウンシルで多数を占めたものの、それ以外のカウンシルでは反対票が賛成票を上回った。最終的には、スコットランド全体で反対票が五五パーセントとなり、独立は否決された。自治政府のサモンド首相は敗北を認め、「スコットランドの人びとは現時点で独立をしない決定をした。それを受け入れる」と述べた。

サモンドは首相およびスコットランド国民党党首を辞任し、代わって副首相および副党首であったニコラ・スタージョンがその後任となった。独立は否決されたものの、有権者の八四・五九パーセントが参加するなどスコットランド人の独立問題への関心の高さが示され、また票差も僅差であった。今後は財政面での権限委譲などの自治拡大策が図られることになるが、どこまで権限を委譲するかという問題が残されている。また、イギリスの他の地域からも同様の要求が出てくる可能性が高まったとも指摘されている。

EU離脱

二〇一五年の総選挙は、五年間の連立政権の緊縮政策の是非を問うものであったが、選挙戦を通じて保守党と労働党の世論調査の支持率が拮抗して、選挙後は「宙づり議会」になるとの予想が一般的であった。しかし、選挙結果は、予想に反して保守党が単独過半数を確保することになり、連立政権の相手だった自由民主党は大敗した。SNPはスコットランドで全五九議席中五六議席を獲得し、それまでスコットランドを基盤としてきた労働党が議席を大きく減らした。

キャメロンはすでに二〇一三年、次の総選挙で保守党が単独過半数を得た場合、EU残留の是非を国民投票にかけること、それまでの期間、EUと加盟条件の改善に向けた再交渉をおこなうことを宣言していた。それは二〇一五年総選挙の保守党マニフェストで公約とされていた。

こうした国民投票への動きを加速化させた背景には、連合王国独立党(UKIP)の台頭があった。UKIPの伸張を決定づけたのは、さきに述べたように二〇一四年の欧州議会選挙であった。党首ナイジェル・ファラージは、庶民性をアピールして、既存のエリートに対する不満層を引きつけていった。ＵＫＩＰの支持層は、キャメロン保守党に不満をもつ欧州懐疑派、白人労働者階級などから構成されている。

白人労働者階級は、二〇〇八年の金融危機までの経済成長の果実を受けとることのなかった、主としてブルーカラー労働者や非熟練のホワイトカラー労働者であった。彼らは、その大部分がイングランド北部に住み、金融主導の経済成長、社会的包摂政策の不備、社会的上昇の可能性の喪失などの状況に直面して、社会に対する深い失望感をもっていた。さらに、ＥＵの東ヨーロッパへの拡大にともない移民労働者が急増して、雇用機会や賃金、学校や病院などの施設が脅かされているという不満が募っていたのである。

二〇一六年六月二三日の離脱の是非を問う国民投票は、投票率七二・二六パーセントにあたる三三〇〇万人が投票、その結果は残留票四八・一パーセント、離脱票五一・九パーセントとなった。僅差ではあるが離脱派が勝利して、イギリスがＥＵを離脱する意思が表明された。直後に金融市場は混乱に陥り、ポンドは三〇年ぶりの安値、株式相場は三〇〇兆円以上の時価総額の損失となった。翌二四日には、ファラージがＵＫＩＰの勝利を宣言、残留キャンペーンを陣頭指揮したキャメロン首相は辞意を表明した。経済界や政界に激震が走ったのである。すぐに四〇〇万人以上が再投票を求める意思を示したが、拒否された。

投票結果は、イギリス社会の現状を反映したものだった。離脱派・残留派の投票行動は、保守党と労働党という二大政党を横断したものであったし、二大政党からUKIPへの支持が流出していることを示すものであった。その背景にあったのが、分断された社会であり、離脱賛同者は、学歴別では大卒者が三割なのに対して低学歴層は七割、年代別では一八歳から二四歳までの若年層で三割以下、五〇歳以上では六割を超えたという。地域別では、残留支持がスコットランド、北アイルランドで多く、ウェールズ、ロンドンを除くイングランドでは、離脱派が過半数を占めた。

こうして、「イングランドの地方に住む高齢の労働者階級」という離脱派のイメージが構築され、現代のヨーロッパを席巻する極右支持層と共通の特徴を兼ね備えていることから、この存在が現代のポピュリズムのひとつの表出形態として捉えられるようになった。だが、この背景には、EUの規制を嫌う金融利害があるとの指摘もあり、今後の解明が待たれるところである。

3 展望

二〇一七年総選挙

キャメロン首相の後を継いでEUとの離脱交渉に当たるのが、テリーザ・メイ首相である。二〇一七年四月、メイ首相は、EUからの離脱交渉に際して「強力で安定的な指導力」を発揮するために政権基盤を強化しようとして、総選挙に打って出ることを発表した。支持率で労働党を二〇パーセント近く引き離し、五月の地方選挙でも保守党は労働党に対して地滑り的な勝利を収め、保守党の圧勝は揺るぎないはずであった。

図 21　EU 離脱の方針を表明するメイ首相（2017 年 1 月 17 日）Shutterstock/アフロ

しかし、五月中旬以降、保守党のマニフェストが発表されると、「認知症税」と揶揄された介護政策の不人気などもあり、選挙戦が進むと保守党の支持率は下落し始め、代わって労働党が支持を急速に伸ばして差を縮めた。労働党のマニフェストは、反緊縮政策を基調として、公共部門や人間への投資を強調して好評を博した。結果は、労働党の躍進が顕著で（二三二→二六二議席）、保守党は第一党（三一八議席）となったものの過半数を割り込み、北アイルランド地域政党（民主連合党（ＤＵＰ））との連立交渉を余儀なくさせられた。

労働党党首のジェレミー・コービンは、二〇一五年総選挙での労働党の敗北を受けてエド・ミリバンドの後継となった。コービンは、サッチャー政権下で民営化反対、ブレア政権下でイラク戦争反対を唱えるなど、一貫して党内左派に属してきたが、若い新規加入の党員票や党内組織(「モメンタム」)などに支えられ、党首選挙において勝利を収める。二〇一六年には議会労働党を中心とする党内の中道派や右派からのクーデタともいえる不信任にもかかわらず、党首選で引き続き勝利を収め、二〇一七年総選挙に臨んだ。

コービンは、メイ首相が二〇二〇年を待たずして解散総選挙を仕掛けてくるとの政治的判断から、かねてよりマニフェスト策定の準備に取りかかり、いわば万全の体制で選挙に臨んだ。マニフェストの一部徹回など混迷する保守党の選挙戦とは対照的に、大胆かつ周到なマニフェストに覚醒された末端の党員をフルに動員して地方での党員集会や戸別訪問などを展開し、保守党を追い詰めていった。その姿は、イギリスの政治的風景を一変させたともいわれている。

選挙結果は、コービンの党内での指導力を強化したのみならず、労働党と保守党の力関係を一変させた。選挙前の野次と怒号に満ちあふれていたコービンに対する議会での保守党の態度とは打って変わり、ユーモアとウィットに満ちたコービンの演説は議会の主導権がどこにあるのかを示すものとなった。コービン労働党の台頭は、緊縮政策というかたちで進められてきた「サッチャリズム2.0」（ヴァージョンアップされた新自由主義）に対して、国民がノーを突きつけたことを意味している。

総選挙直後の六月一四日、ロンドン・ケンジントン地区の公営住宅グレンフェル・タワーで大規模な火災が発生し、八〇名以上が死亡するという大惨事となった。一九七〇年代に建設されたタワーは、富裕層の居住するケンジントン地域でも突出した存在で、予算軽減のためにスプリンクラーが未設置であることなど、緊縮財政下の格差社会の象徴とされた。いち早く現場に駆けつけたコービンやイスラム系のロンドン市長サディク・カーンらの労働党政治家に対して、メイ首相の官僚的な対応をめぐっても非難が噴出して、両党のコントラストが際立った。この火災は、新自由主義と緊縮政策の終焉を告げる事件として記憶されるのかもしれない。

過去と未来の対話

ＥＵ離脱に向けての主導権をめぐるかたちでなされた総選挙。そこでのコービン労働党の躍進。いずれにしても、戦後のイギリスが新たな局面を迎えていることは間違いのないことであり、その意味で、イギリスの進みゆく道は、世界のそれと同じように不透明感を増しつつある。

本書は、冒頭で示した四つのナラティヴの視点から、同時代史としての戦後イギリスの歴史の歩みを辿ってきた。最後に、それらの視点から見て、現在のイギリスはどこに漂着しているのか、あるいはどこに向かおうとしているのかという点について、若干の展望を述べることにしたい。

サッチャー政権期以降、金融主導への転換を図ってきた経済のもと、新自由主義的コンセンサスに基づいた政策運営がおこなわれてきた。金融の管制高地であるロンドンの金融街シティは繁栄したが、北部や中部の工業地帯は衰退へと向かった。新自由主義経済はグローバル化という側面をもっており、金融市場としてのロンドンにグローバルな資本や人材が集中する一方で、製造業の海外移転や移民の流入といったグローバル化も進行していった。金融サーヴィス業は新たな中間層を創出したが、それらの雇用関係は不安定であり、地方の伝統的な労働者階級は縮小していった。ロンドンの発展と地方の衰退という地理的コントラストが進展してきたのである。

デヴィド・ハーヴェイの研究によれば、一九七〇年代をピークとして世界全体の富の総量は収縮して、富の分布に偏った傾向が見られるという。格差社会は、低賃金を創出し、必然的に購買力の減退を招いた。事実、イギリスでも若年層を中心として「持ち家」志向の減退を指摘する声があり、二〇〇八年の世界的な金融危機の原因がサブプライムローンの破綻にあったように、需要の減退が経済の不安定化の要素となっている。金融を基軸とする新自由主義経済は限界を迎えているかのようである。

新自由主義経済は、分断された格差社会を生み出した。長らくイギリス社会を捉える指標として「階級」が優位を占めていたが、一九九〇年代には「無階級社会」や「中産階級社会」が唱えられるようになり、アイデンティティとしての「階級」は後退したかに見えた。それに代わって、ジェンダーや人種、宗教や地域などの差異がアイデンティティの指標となった。しかし、歴史家セリーナ・トッドの研究によれば、二一世紀の現在においても、相変わらず人びとは「人民」、つまり支配者とは異なる「労働者階級」としてみずからを見なしているという。階級の論理が復権してきているのである。

その労働者階級のあいだでは、ナショナリズムが台頭してきている。しかし、それは一枚岩的なものではなく、ふたつの方向性をとっているように思われる。ひとつは、ＥＵ離脱派のイメージと重なるイングランド・ナショナリズムともいえるもので、それは移民に対して非寛容でＵＫＩＰを支持するような排外主義的ナショナリズムである。これに対して、スコットランドでは、親ＥＵで、福祉国家に親和的な社会主義的ともいえるスコットランド・ナショナリズムが台頭してきている。スコットランドのナショナリズムは、EU離脱のなかでスコットランド独立を再び政治的争点として浮上させているのだ。

イギリスがEUを離脱した場合、それは戦後の国際関係史上の大きな転換点となる。戦後のイギリスは、帝国からの撤退をコンセンサスとしつつ、大西洋世界やヨーロッパへと軸足を移していった。事実、スエズ事件に続く帝国の終焉の時期を迎えると、ヨーロッパ統合へと向かうことになった。

一九六〇年代から始まるヨーロッパ統合への関与は、二度にわたる加盟申請の拒否を経て、一九七三年のEC加盟へと繋がった。サッチャーは通貨統合を嫌って自らの政治生命を終わらせることになったが、メイジャー政権、その後の労働党政権はヨーロッパ統合に向けた関与を続けてきた。だが、その間にも、保守党の一部や労働党の一部には欧州懐疑派が底流として存在し続けることになった。

EU離脱後のイギリスは、再び英連邦・コモンウェルスやアメリカとの関係を強化していくのだろうか。実際、離脱賛成派には帝国への郷愁を口にする人もいる。しかし、そのことが、またスコットランドの独立問題として連合王国の国制に大きな亀裂を生じさせている。

EU離脱はまた、イギリスの衰退を意味すると指摘する人もいる。イギリス衰退論は、相対的後進国の急激なキャッチアップとケインズ主義的経済政策の行き詰まりのなかで、一種の政治論争として語られてきた。その後イギリスは、グローバル化した経済のもとでの成長を遂げて、衰退論は消え去ったかのようであった。しかし、再び衰退論が台頭してきている。これもまた政治的対抗のなかでのレトリックにすぎないのであろうか。

序章で述べた四つのナラティヴが複雑に絡まり合いながら歴史的現在が構成されているイギリス。そのいずれの視点からしても、現在のイギリスは、岐路に立たされているように思われる。その意味でイギリス現代史からは、ますます目が離せなくなっている。

あとがき

本書は、北海道大学でおこなってきた一年生向けの「イギリス史」と「現代史」に関連する講義や演習、またそれらを専門課程の学生向けに再構成した「イギリス現代史」の講義をもとに書き下ろされたものである。執筆作業は、EU離脱という歴史的事件を受けて緊迫した状況のもと、依頼を受けてからきわめて短期間で進められることになった。その過程で、最近の歴史研究の成果をいくつか取り入れることができたが、なにぶん本来の専門ではない領域も取り扱うことになり、いささか心もとないところもあった。いまは、何とか一冊にまとめることができたことに安堵している。

本来、福祉国家史や史学史などを専門とする私が、あえて現代史の執筆に挑戦したのには、いくつかの理由がある。世界を翻弄してきた新自由主義の震源地であったイギリスが、いまやトランプの登場したアメリカとともに歴史の流れに翻弄されようとしている。このパラドックスの解明に取り組んでみたかったからである。

また、私にとって同時代史となる時代を描いてみたいという思いに駆られたこともある。思えば、少年期にビートルズやサッカーといった大衆文化によってイギリスへの興味を喚起されて以来、その後の研究生活をはじめてからの三度にわたる留学や在外研究（バーミンガム、オクスフォード、ロンドン）、加えて定期的におこなってきた資料調査のための短期滞在などによって、現代イギリスをながらく同時代人として眺めてきた。その同時代史の中間報告ともいえるのが本書である。

執筆の過程では、岩波書店新書編集部の杉田守康氏から、折に触れて叱咤激励の言葉をいただきながら、最後まで伴走していただいた。氏がいなければ、おそらく本書の完成はなかったであろう。年表や参考文献リストの作成には、北海道大学の大学院生である若槻稜磨氏の手を煩わせた。また最終盤では、今回もパートナーの梅垣千尋にひとかたならぬ世話になった。記して御礼を申し上げたい。

最後に、本書がイギリス現代史や広く歴史学一般、あるいはまた、ポスト新自由主義を模索する現代について関心をもつ人びとにとって、何らかの議論の素材になってくれれば幸いである。

二〇一七年八月二六日

長谷川貴彦

岩波新書より

世界史

軍と兵士のローマ帝国　井上文則
西洋書物史への扉　髙宮利行
「音楽の都」ウィーンの誕生　ジェラルド・グローマー
マルクス・アウレリウス　『自省録』のローマ帝国　南川高志
古代ギリシアの民主政　橋場弦
曾国藩　「英雄」と中国史　岡本隆司
人種主義の歴史　平野千果子
スポーツからみる東アジア史　高嶋航
スペイン史10講　立石博高
ヒトラー　芝健介
ユーゴスラヴィア現代史〔新版〕　柴宜弘
東南アジア史10講　古田元夫
チャリティの帝国　金澤周作
太平天国　菊池秀明
ドイツ統一　アンドレアス・レダー　板橋拓己訳

人口の中国史　上田信
カエサル　小池和子
世界遺産　中村俊介
奴隷船の世界史　布留川正博
独ソ戦　絶滅戦争の惨禍　大木毅
イタリア史10講　北村暁夫
フランス現代史　小田中直樹
移民国家アメリカの歴史　貴堂嘉之
フィレンツェ　池上俊一
マーティン・ルーサー・キング　黒﨑真
ナポレオン　杉本淑彦
ガンディー　平和を紡ぐ人　竹中千春
イギリス現代史　長谷川貴彦
ロシア革命　破局の8か月　池田嘉郎
天下と天朝の中国史　檀上寛
孫文　深町英夫
古代東アジアの女帝　入江曜子
新・韓国現代史　文京洙

ガリレオ裁判　田中一郎
人間・始皇帝　鶴間和幸
袁世凱　岡本隆司
二〇世紀の歴史　木畑洋一
イギリス史10講　近藤和彦
植民地朝鮮と日本　趙景達
シルクロードの古代都市　加藤九祚
中華人民共和国史〔新版〕　天児慧
物語 朝鮮王朝の滅亡◆　金重明
新・ローマ帝国衰亡史　南川高志
近代朝鮮と日本　趙景達
マヤ文明　青山和夫
北朝鮮現代史　和田春樹
四字熟語の中国史◆　冨谷至
李鴻章　岡本隆司
新しい世界史へ　羽田正
パル判事　中里成章
グランドツアー　18世紀イタリアへの旅　岡田温司
パリ　都市統治の近代　喜安朗

岩波新書新赤版一〇〇〇点に際して

ひとつの時代が終わったと言われて久しい。だが、その先にいかなる時代を展望するのか、私たちはその輪郭すら描きえていない。二〇世紀から持ち越した課題の多くは、未だ解決の緒を見つけることのできないままであり、二一世紀が新たに招きよせた問題も少なくない。グローバル資本主義の浸透、憎悪の連鎖、暴力の応酬――世界は混沌として深い不安の只中にある。

現代社会においては変化が常態となり、速さと新しさに絶対的な価値が与えられた。消費社会の深化と情報技術の革命は、種々の境界を無くし、人々の生活やコミュニケーションの様式を根底から変容させてきた。ライフスタイルは多様化し、一面では個人の生き方をそれぞれが選びとる時代が始まっている。同時に、新たな格差が生まれ、様々な次元での亀裂や分断が深まっている。社会や歴史に対する意識が揺らぎ、普遍的な理念に対する根本的な懐疑や、現実を変えることへの無力感がひそかに根を張りつつある。そして生きることに誰もが困難を覚える時代が到来している。

しかし、日常生活のそれぞれの場で、自由と民主主義を獲得し実践することを通じて、私たち自身がそうした閉塞を乗り超え、希望の時代の幕開けを告げてゆくことは不可能ではあるまい。そのために、いま求められていること――それは、個と個の間で開かれた対話を積み重ねながら、人間らしく生きることの条件について一人ひとりが粘り強く思考することではないか。その営みの糧となるものが、教養に外ならないと私たちは考える。歴史とは何か、よく生きるとはいかなることか、世界そして人間はどこへ向かうべきなのか――こうした根源的な問いとの格闘が、文化と知の厚みを作り出し、個人と社会を支える基盤としての教養となった。まさにそのような教養への道案内こそ、岩波新書が創刊以来、追求してきたことである。

岩波新書は、日中戦争下の一九三八年一一月に赤版として創刊された。創刊の辞は、道義の精神に則らない日本の行動を憂慮し、批判的精神と良心的行動の欠如を戒めつつ、現代人の現代的教養を刊行の目的とする、と謳っている。以後、青版、黄版、新赤版と装いを改めながら、合計二五〇〇点余りを世に問うてきた。そして、いままた新赤版が一〇〇〇点を迎えたのを機に、人間の理性と良心への信頼を再確認し、それに裏打ちされた文化を培っていく決意を込めて、新しい装丁のもとに再出発したいと思う。一冊一冊から吹き出す新風が一人でも多くの読者の許に届くこと、そして希望ある時代への想像力を豊かにかき立てることを切に願う。

（二〇〇六年四月）

長谷川貴彦

1963年生まれ.
現在—北海道大学大学院文学研究科教授.
専攻—近現代イギリス史，歴史理論.
著書—『現代歴史学への展望』(岩波書店)
『イギリス福祉国家の歴史的源流』(東京大学出版会)
『産業革命』(山川出版社)
ハント『グローバル時代の歴史学』(訳，岩波書店)
バーク『文化史とは何か』(訳，法政大学出版局)
ローズ『ジェンダー史とは何か』(共訳，法政大学出版局)
ステッドマン・ジョーンズ『階級という言語』(訳，刀水書房) ほか

イギリス現代史　　岩波新書(新赤版)1677

2017年9月20日　第1刷発行
2024年7月25日　第4刷発行

著　者　長谷川《はせがわ》貴彦《たかひこ》

発行者　坂本政謙

発行所　株式会社 岩波書店
〒101-8002 東京都千代田区一ツ橋 2-5-5
案内 03-5210-4000　営業部 03-5210-4111
https://www.iwanami.co.jp/

新書編集部 03-5210-4054
https://www.iwanami.co.jp/sin/

印刷・三陽社　カバー・半七印刷　製本・中永製本

ISBN 978-4-00-431677-0　　Printed in Japan

年　表

1939年	9月3日　対独宣戦布告，第二次世界大戦に突入．チャーチルを海相として含む戦時内閣発足
1940年	5月10日　チェンバレン辞任後，チャーチル首相就任．労働党も入閣し挙国体制成立
	5月13日　ベヴィン，労働大臣として入閣
	5月27日　ダンケルクからの撤退作戦成功(6月4日まで)
	7月「ブリテンの戦い」開始
1941年	3月　重要労働(一般条項)令で熟練労働者の登録，主要軍需工場で就業義務づけ
	6月10日　ベヴァリッジ委員会設置
	8月21日　武器貸与法によるアメリカからの援助開始
	12月　国民兵役法で女性も徴用対象となる
1942年	12月1日　福祉国家の青写真となったベヴァリッジ報告書公表
1944年	6月10日　戦時連立内閣，『雇用政策』白書公表
	8月3日　バトラー教育法．すべての児童に中等教育を実現
1945年	5月7日　ヨーロッパでの戦争終結
	5月23日　労働党，連立を解消
	7月5日　連合王国総選挙，労働党が地滑り的勝利
	7月26日　総選挙で労働党圧勝(最終的選挙結果の判明)，7月27日　アトリー政権発足
	8月20日　外相ベヴィン，ギリシア支援を表明
	9月2日　日本が降伏文書に調印，第二次世界大戦終結．「金融危機」に直面
	12月6日　英米金融協定調印
1946年	3月1日　イングランド銀行国有化
	8月1日　国民保険法制定
	11月6日　国民保健サーヴィス(NHS)法制定
	1946-47年の冬，大寒波

1947年	1月1日　石炭，電信・電話国有化
	6月5日　アメリカ合衆国が「マーシャル・プラン」の提案
	8月15日　インドにおける権限の委譲，インド・パキスタン独立
1948年	1月1日　鉄道国有化
	4月1日　電力国有化
	5月11日　運輸業国有化
	7月5日　国民保険法，国民保険産業障害法，国民保健サーヴィス法，国民扶助法などの実施(救貧法廃止)
	7月30日　イギリス国籍法，英連邦(コモンウェルス)市民に対し無制限に移民を許可
1949年	4月1日　ガス国有化
	9月18日　ポンド切り下げ断行，下げ幅30%(4.03ドルから2.80ドルへ)
	11月4日　「統制の廃止」(商務相ウィルソン，配給制などの統制解除)
	11月24日　鉄鋼国有化可決(実施は1951年)
1950年	2月23日　連合王国総選挙，労働党が議席数を減らしながらも勝利
	5月9日　欧州石炭鉄鋼共同体に関する「シューマン・プラン」
	6月25日　朝鮮戦争勃発(1953年7月まで)
1951年	2月15日　鉄鋼国有化
	4月10日　蔵相ゲイツケル，軍備増強予算を上程
	4月21日　労相ベヴィンがNHS料金導入に反対して辞任
	5月4日　イギリス祭(9月まで)
	10月25日　連合王国総選挙，保守党勝利．チャーチルが首相に返り咲く
1952年	2月6日　ジョージ6世没，エリザベス2世即位
	10月3日　イギリス最初の核実験
1953年	5月2日　サッカー英国選手権(FAカップ)決勝戦，マシューズ活躍

	5月14日　鋼鉄民営化法制定
	6月2日　エリザベス女王の戴冠式
1954年	7月3日　最後の配給制度終了
1955年	4月6日　チャーチルの引退にともないイーデンが首相に
	5月26日　連合王国総選挙，保守党勝利
	11月　マリー・クワントとアレクサンダー・プランケット・グリーンが「バザール」開店
1956年	5月8日　ジョン・オズボーン『怒りを込めて振り返れ』初演
	7月26日　ナセル大統領がスエズ運河会社のエジプト国有化を宣言
	10月31日　英・仏軍エジプト攻撃，スエズ事件開始
	11月6日　イーデンがエジプトにおける英仏の軍事介入を中止
	12月22日　英・仏軍スエズ撤退
1957年	1月9日　イーデンがスエズ事件の余波で辞任，10日マクミランが首相に就任
	3月25日　ローマ条約締結
	4月4日　国防政策の大幅見直しに関する国防白書公表
	9月4日　ウルフェンデン報告が同性愛合法化を勧告
1958年	1月1日　欧州経済共同体(EEC)が発足
	2月17日　核兵器廃絶運動(CND)結成
	2月27日　核兵器問題で労働党内の対立深まる
	8-9月　ノッティングヒルで人種暴動
1959年	7月9日　運輸一般労組，核兵器の一方的廃絶支持
	10月8日　連合王国総選挙，保守党勝利
1960年	1月6日　マクミラン首相，アフリカ歴訪
	2月3日　マクミラン首相，アフリカの脱植民地化に関する「変化の風」演説
	4月18日　CND，10万人反核集会
1961年	8月10日　EECへの加盟申請
1962年	3月20日　『国防白書』公表

	4月18日　コモンウェルス移民法制定，移民規制を強化
	10月13日　ビートルズが『ラヴ・ミー・ドゥ』で初めてヒットチャートのトップ40入り
1963年	1月14日　EEC加盟申請に対するドゴールによる最初の拒否表明
	1月18日　労働党党首ゲイツケル急死．2月14日ウィルソン，党首に選出
	10月18日　マクミランが首相を辞任，ダグラス＝ヒュームが首相に
1964年	10月15日　連合王国総選挙，ウィルソンがイギリス経済近代化の論点で染まった選挙で労働党を勝利に導く
1965年	2月2日　ドノヴァン委員会設置
	7月　「通達10/65号」が総合制教育へのシフトを告知，総合制中等教育開始
	9月16日　全国計画
	11月8日　人種関係法制定
1966年	「躍動するロンドン」が造語される
	3月31日　連合王国総選挙，労働党勝利
	7月30日　イングランドがサッカーのワールドカップで優勝
1967年	3月22日　鉄鋼再国有化
	5月2日　EECへの2度目の加盟申請
	7月14日　妊娠中絶法制定，24週までの中絶が合法化
	7月27日　男性同性愛を合法とする性犯罪法が立法化
	11月18日　ポンド切り下げ断行
	11月27日　EEC加盟申請に対するドゴールによる2度目の拒否表明(EECはこの年ECに拡大)
1968年	「革命の年」
	1月　ウィルソン政権，「スエズ以東」からの撤退を決定

	1月16日　公共支出削減を公表
	3月1日　コモンウェルス移民法が，イギリスのパスポートを保持したアジア系ケニア人がイギリスに入国するのを阻止するために緊急可決
	3月17日　ロンドンでヴェトナム戦争反戦デモ
	4月20日　パウエル，反移民的な「血の河」演説
	6月13日　ドノヴァン委員会報告
	10月25日　人種関係法制定
1969年	1月17日　白書『闘争に代えて』公表
	6月18日　ウィルソン首相，『闘争に代えて』を断念
	10月22日　「無責」離婚の導入，離婚の緩和化
1970年	6月18日　連合王国総選挙，保守党勝利，ヒースが首相に就任
1971年	7月17日　労働党，EC加盟問題で特別党大会開催
	8月6日　労使関係法成立
	10月28日　移民法制定
1972年	1月22日　ヒース首相，EC加盟条約に署名
	1月30日　ロンドンデリーで「血の日曜日」事件
	2月9日　石炭ストに非常事態宣言
	3月24日　北アイルランド，議会による直接統治
	9月26日　ヒース政権，所得政策を提唱
	11月6日　所得政策第1段階
1973年	石油輸出国機構(OPEC)による石油価格高騰の衝撃(1974年まで)
	1月1日　イギリス，アイルランド，デンマークがEC加盟
	4月1日　所得政策第2段階
	11月1日　所得政策第3段階
	11月13日　オイルショックに非常事態宣言
	12月17日　ヒース政権，燃料緊縮と週3日労働制の実施を公表
1974年	2月　炭坑労働者のストライキが表明される
	2月28日　連合王国総選挙，労働党辛勝，宙づり議会．第2次ウィルソン政権発足

	5月29日　北アイルランド議会を閉鎖，直接統治に乗り出す
	7月31日　労働組合法成立
	10月10日　連合王国総選挙，労働党勝利
1975年	1人当たりの所得が1945年以来初めて減少
	2月21日　保守党党首にサッチャー選出
	6月5日　EC加盟継続に関する国民投票
	7月11日　政府は労働組合会議(TUC)と「社会契約」締結
1976年	2月19日　『公共支出削減白書』公表，3月10日　庶民院は白書を否決
	3月16日　ウィルソン首相が突然辞任，4月5日　キャラハンが首相に就任
	7月30日　ノッティングヒル・カーニバル，暴動と化す
	9月28日　ポンド暴落がIMF危機の引き金に
	10月27日　ポンド急落
1977年	1月3日　IMFから借款
	3月23日　リブ＝ラブ協定成立，労働党が自由党との政策協定
1978年	9月21日　フォード自動車労組スト
	1978-79年　公共部門の賃金闘争とストにより「不満の冬」が到来
1979年	5月4日　連合王国総選挙，保守党勝利，サッチャーが首相に
1980年	8月1日　海外投資に関するドル・プレミアム廃止
	8月8日　住宅法によって公営住宅の一般的な購入権が賦与され，入居世帯数に基づく補助金撤廃
	9月21日　CNDグレナム・コモン反核集会
	11月10日　労働党党首にフット選出
1981年	3月26日　社会民主党結成
	4月10日　ブリクストン暴動
	7月29日　チャールズ皇太子とダイアナの結婚式
	9月14日　サッチャー内閣改造，「ウェット」派一掃

	される
1982年	3月21日　グレナム・コモンで反核の女性集団，鎖で基地に自縛
	4月2日　フォークランド危機(6月14日アルゼンチン軍降伏)
1983年	4月1日　グレナム・コモン10万人集会
	6月9日　連合王国総選挙，保守党勝利
	10月2日　労働党党首にキノック選出
	10月7日　大ロンドン市廃止の白書公表
1984年	3月15日　炭坑スト(1985年3月まで)
	6月25日　フォンテーヌブロー・サミットで，イギリスのEC予算への分担金が決まる(6月26日まで)
	7月26日　労働組合法制定
	10月12日　IRA，ブライトンのホテル爆破，サッチャー無事
1985年	7月16日　地方自治法(大ロンドン市廃止)制定
	10月30日　運送法(バス民営化)制定
	12月13日　ウェストランド問題発生
1986年	1月9日　ウェストランド問題で国防相ヘーゼルタイン辞任
	4月1日　大ロンドン市廃止
	7月25日　社会保障法によって「資産調査付き」福祉供給が大幅に拡大
1987年	5月24日　単一欧州議定書に関する国民投票
	6月11日　連合王国総選挙，保守党が勝利，サッチャー首相が3期目に
1988年	3月3日　自由党と社民党が合同，自由民主党結成
	7月29日　7，11，14歳の学童に対する全国共通テストを盛り込んだ教育法制定
	9月20日　サッチャー，ブリュージュでEC統合の進展を批判する演説
1989年	多くの地域で人頭税反対運動
	10月26日　蔵相ローソン，EC通貨統合問題でサッチャーの消極性を批判して辞任，後任にメイジャー

1990年	3月　人頭税反対運動各地に広がる 3月31日　コミュニティ・チャージ(人頭税)の導入 5月3日　地方選挙で保守党敗北 10月8日　為替相場メカニズム(ERM)に参加 11月22日　サッチャーが首相を辞任，11月27日メイジャーが保守党党首となり，首相に就任
1991年	1月16日　湾岸戦争でイラク軍をクウェートから駆逐するための爆撃が始まる 12月9日　欧州連合に関するマーストリヒト条約(12月10日まで)，イギリスの離脱
1992年	4月9日　連合王国総選挙，メイジャー保守党政権が勝利 7月18日　労働党党首にジョン・スミス選出 9月16日　ブラック・ウェンズデーのポンド危機，連合王国は屈辱的な状況のなかでERMから離脱
1993年	男性失業率が戦後ピークの12.3%に達する．国債の大量増加 7月　庶民院がついにマーストリヒト条約を批准
1994年	労働組合に加入する従業員の割合が1939年以降で最低に 5月12日　スミス労働党党首急死 7月21日　労働党党首にブレア選出
1996年	8月28日　チャールズ皇太子とダイアナ妃が離婚
1997年	5月1日　連合王国総選挙，労働党が地滑り的勝利， 5月2日　ブレア政権発足 5月6日　蔵相ブラウン，金利設定権をイングランド銀行に委譲 5月16日　ブレア首相，中断している北アイルランド和平プロセスを再開するためにベルファスト訪問 8月31日　パリの自動車事故でダイアナ元妃死亡(36歳)，9月6日　ダイアナ元妃の「国民葬」 9月11日　スコットランドの住民投票でスコットランド議会の設置に74.3%の支持 9月17-18日　ウェールズの住民投票でウェールズ議

	会の設置に 50.3% の支持
	10月27日　経済条件が整うまでイギリスはユーロに参加しないと蔵相ブラウンが表明
1998年	4月10日　イギリスとアイルランド，北アイルランドの「聖金曜日協定」調印
1999年	5月6日　スコットランド議会選挙とウェールズ議会選挙
	10月26日　貴族院での世襲貴族の議席廃止を決定
2000年	2月20日　労働党，ロンドン市長候補に左派のリヴィングストンではなく，保健相のドブソンを擁立
	5月4日　史上初のロンドン市長選挙，無所属で出馬したリヴィングストン当選
2001年	6月7日　連合王国総選挙，労働党が大勝
	10月1日　イギリスの最低賃金が引き上げられる
	12月14日　反テロリズム法成立
2002年	9月24日　ブレア首相，イラク問題に関する政府文書で，イラクが45分以内に大量破壊兵器の配備が可能であると述べる
2003年	2月15日　イラク侵攻の方針に抗議してロンドンで100万人が行進
2005年	5月5日　連合王国総選挙，労働党が議席を減らしながらも過半数確保
	7月7日　ロンドンの地下鉄3カ所や2階建てバスで連続して爆弾が爆発，56人死亡，700人以上負傷
2006年	2月15日　2005年ロンドンの同時多発テロ事件を受けて反テロ法成立
2007年	6月24日　労働党大会，蔵相ブラウンを党首に，6月28日　ブラウン政権発足
2008年	9月15日　リーマン・ブラザーズの破綻により世界金融危機が発生
	10月8日　ブラウン首相，世界金融危機に対して大規模な銀行救済策を発表
2009年	6月4日　欧州議会選挙で労働党が大敗，連合王国独立党(UKIP)が第2党へ躍進

2010年	5月6日　連合王国総選挙，保守党が第1党となるが，どの政党も過半数を有しない「宙づり議会」に 5月11日　キャメロンが首相に就任，5月12日　自由民主党と連立した第1次キャメロン政権発足 5月24日　蔵相オズボーン，約62億ポンド(約8000億円)の歳出削減を発表 6月30日　社会保障給付の簡素化 12月9日　ロンドンで大学授業料値上げに反対する学生デモが暴徒化
2011年	4月29日　ウィリアム王子とキャサリンの結婚式 5月5日　スコットランド議会選挙でスコットランド国民党(SNP)が単独過半数 8月6日　ロンドン北部トッテナム地区で，警官による黒人青年射殺事件をきっかけに暴動
2012年	2月6日　エリザベス女王在位60年 7月27日　ロンドン五輪開幕
2013年	1月23日　キャメロン首相，2015年総選挙で勝利すればEUからの離脱を問う国民投票を2017年までに実施すると表明 4月25日　王位継承法が改正，男子優先から男女問わず長子優先へ 5月2日　全国で地方選挙，反EUを主張するUKIPが躍進
2014年	3月29日　イングランドとウェールズで同性婚が初めて合法化 5月22日　欧州議会選挙，イギリスではUKIPが第1党に 9月19日　スコットランド独立の是非を問う住民投票，反対票多数
2015年	5月7日　連合王国総選挙，保守党が単独過半数，5月11日　第2次キャメロン政権発足 9月12日　労働党党首選挙，急進左翼のジェレミー・コービンを選出
2016年	6月22日　EU離脱めぐる国民投票，離脱票多数．キ

	ャメロン首相は辞意を表明 7月13日　テリーザ・メイ首相就任
2017年	6月8日　連合王国総選挙，保守党過半数割れ，民主連合党(DUP)との協定 6月14日　ロンドン市ケンジントン地区グレンフェル・タワーで大規模な火災発生

参考文献

全体に関するもの

（概説書）
井野瀬久美恵編『イギリス文化史』昭和堂，2010 年.
梅川正美ほか編著『現代イギリス政治』成文堂，2006 年.
梅川正美ほか編著『イギリス現代政治史(第 2 版)』ミネルヴァ書房，2016 年.
川端康雄ほか編『愛と戦いのイギリス文化史 1951-2010 年』慶應義塾大学出版会，2011 年.
ピーター・クラーク『イギリス現代史 1900-2000』西沢保ほか訳，名古屋大学出版会，2004 年.
近藤和彦『イギリス史 10 講』岩波新書，2013 年.
佐々木雄太・木畑洋一編『イギリス外交史』有斐閣アルマ，2005 年.
セリーナ・トッド『ザ・ピープル イギリス労働者階級の盛衰』近藤康裕訳，みすず書房，2016 年.
キャスリーン・バーク編『オックスフォード ブリテン諸島の歴史 11 20 世紀 1945 年以後』西沢保監訳，慶應義塾大学出版会，2014 年.
松浦高嶺・上野格『イギリス現代史』山川出版社，1992 年.
武藤浩史ほか編『愛と戦いのイギリス文化史 1900-1950 年』慶應義塾大学出版会，2007 年.
村岡健次・木畑洋一編『世界歴史大系 イギリス史 3 近現代』山川出版社，1991 年.
アンドリュー・ローゼン『現代イギリス社会史 1950-2000』川北稔訳，岩波書店，2005 年.
キース・ロビンズ編『オックスフォード ブリテン諸島の歴史 10 20 世紀 1901 年-1951 年』秋田茂監訳，慶應義塾大学出版会，2013 年.
Paul Addison and Harriet Jones(eds.), *A Companion to Contemporary Britain 1939-2000*(Blackwell, 2005).
Francesca Carnevali and Julie-Marie Strange(eds.), *20th Century Britain: Economic, Cultural and Social Change*(2nd ed., Routledge, 2007).
Brian Harrison, *Seeking a Role: The United Kingdom, 1951-1970*(Oxford University Press, 2011).
―― , *Finding a Role?: The United Kingdom, 1970-2000*(Oxford Uni-

versity Press, 2011).
Paul Johnson (ed.), *20th Century Britain: Economic, Social, and Cultural Change* (Longman, 1994).
Arthur Marwick, *British Society since 1945* (4th ed., Penguin, 2003).
Kenneth O. Morgan, *Britain since 1945: The People's Peace* (Oxford University Press, 2001).
——, *Twentieth-Century Britain: A Very Short Introduction* (Oxford University Press, 2000).
Pat Thane, *Cassell's Companion to Twentieth Century Britain* (Cassell, 2001).
James Vernon, *Cambridge History of Britain 4, Modern Britain: 1750 to the Present* (Cambridge University Press, 2017).

（専門雑誌）
Journal of Contemporary British History (Routledge), http://www.tandfonline.com/toc/fcbh20/current
Twentieth Century British History (Oxford University Press), https://academic.oup.com/tcbh (2024 年 1 月に *Modern British History* に改称)

（ネットアーカイヴ）
BBC ラジオ番組　The Making of Modern Britain: 1945–Present, http://www.bbc.co.uk/history/british/modern/overview_1945_present_01.shtml

序　章

R. イングリッシュ／M. ケニー編著『経済衰退の歴史学 イギリス衰退論争の諸相』川北稔訳，ミネルヴァ書房，2008 年.
マーティン・J. ウィーナ『英国産業精神の衰退 文化史的接近』原剛訳，勁草書房，1984 年.
レイモンド・ウィリアムズ『文化と社会 1780–1950』若松繁信・長谷川光昭訳，ミネルヴァ書房，1968 年.
デービッド・エジャトン『戦争国家イギリス 反衰退・非福祉の現代史』坂出健監訳，名古屋大学出版会，2017 年.
ジェフリー・オーウェン『帝国からヨーロッパへ 戦後イギリス産業の没落と再生』和田一夫監訳，名古屋大学出版会，2004 年.

参考文献

アンドルー・ギャンブル『イギリス衰退100年史』都築忠七・小笠原欣幸訳，みすず書房，1987年.
E. P. トムスン『イングランド労働者階級の形成』市橋秀夫・芳賀健一訳，青弓社，2003年.
リチャード・ホガート『読み書き能力の効用』香内三郎訳，晶文社，1974年.
J. G. A. ポーコック『島々の発見 「新しいブリテン史」と政治思想』犬塚元監訳，名古屋大学出版会，2013年.
エルネスト・ラクラウ／シャンタル・ムフ『民主主義の革命 ヘゲモニーとポスト・マルクス主義』西永亮・千葉眞訳，ちくま学芸文庫，2012年.
W. D. ルービンステイン『衰退しない大英帝国 その経済・文化・教育 1750-1990』藤井泰ほか訳，晃洋書房，1997年.
Correlli Barnett, *The Audit of War: The Illusion and Reality of Britain as a Great Nation*(Macmillan, 1986).
Andrew Gamble, *Between Europe and America: The Future of British Politics*(Palgrave Macmillan, 2003).
Dennis Kavanagh and Peter Morris, *Consensus Politics: From Atlee to Major*(2nd ed., Blackwell, 1994).
Mike Savage, *Identities and Social Change in Britain since 1940: The Politics of Method*(Oxford University Press, 2010).
—— , *Social Class in the 21st Century*(Pelican Books, 2015).
Jim Tomlinson, *The Politics of Decline: Understanding Post-War Britain*(Routledge, 2000).

第1章

木畑洋一『チャーチル イギリス帝国と歩んだ男』山川出版社，2016年.
ポール・ジョンソン『節約と浪費 イギリスにおける自助と互助の生活史』真屋尚生訳，慶應義塾大学出版会，1997年.
パット・セイン『イギリス福祉国家の社会史 経済・社会・政治・文化的背景』深澤和子・深澤敦監訳，ミネルヴァ書房，2000年.
田中拓道『福祉政治史 格差に抗するデモクラシー』勁草書房，2017年.
長谷川淳一「戦後再建期のイギリスにおける社会政策の意義 福祉国家の成立・定着とコンセンサス論をめぐって」『三田学会雑誌』99-1号，2006年.

長谷川貴彦『イギリス福祉国家の歴史的源流 近世・近代転換期の中間団体』東京大学出版会，2014 年.

毛利健三『イギリス福祉国家の研究 社会保障発達の諸画期』東京大学出版会，1990 年.

毛利健三編著『現代イギリス社会政策史 1945〜1990』ミネルヴァ書房，1999 年.

山之内靖『総力戦体制』伊豫谷登士翁・成田龍一・岩崎稔編，ちくま学芸文庫，2015 年.

Paul Addison, *The Road to 1945: British Politics and the Second World War*(2nd ed., Pimlico, 1994).

—— , *Now the War Is Over: A Social History of Britain, 1945–1951*(Jonathan Cape, 1985).

—— , *No Turning Back: The Peacetime Revolutions of Post-War Britain*(Oxford University Press, 2010).

Christopher Bonfield, Jonathan Reinarz and Teresa Huguet-Termes (eds.), *Hospitals and Communities, 1100–1960*(Peter Lang, 2013).

David Edgerton, *Britain's War Machine*(Penguin, 2012).

—— , "War, Reconstruction and the Nationalization of Britain, 1939–1951", *Past & Present, supplement*, 6(2011).

Bernard Harris, *The Origins of the British Welfare State: Society, State and Social Welfare in England and Wales, 1800–1945*(Palgrave Macmillan, 2004).

Jose Harris, *William Beveridge: A Biography*(Clarendon Press, 1977).

—— (ed.), *Civil Society in British History: Ideas, Identities, Institutions*(Oxford University Press, 2003).

Margaret Jones and Rodney Lowe, *From Beveridge to Blair: the First Fifty Years of Britain's Welfare State, 1948–98*(Manchester University Press, 2002).

Rodney Lowe, *The Welfare State in Britain since 1945*(3rd ed., Palgrave Macmillan, 2005).

Melanie Oppenheimer and Nicholas Deakin(eds.), *Beveridge and Voluntary Action in Britain and the Wider British World*(Manchester University Press, 2011).

John V. Pickstone, *Medicine and Industrial Society: A History of Hospital Development in Manchester and its Region 1752–1946*(Manchester University Press, 1985).

BBC アーカイヴ　People's War: An Archive of World War Two Memories written by the public, http://www.bbc.co.uk/history/ww2peopleswar/

第2章

デービッド・エジャトン『戦争国家イギリス』(序章前掲).
小川浩之『イギリス帝国からヨーロッパ統合へ 戦後イギリス対外政策の転換と EEC 加盟申請』名古屋大学出版会，2008 年.
小川浩之『英連邦 王冠への忠誠と自由な連合』中央公論新社，2012 年.
木畑洋一編著『大英帝国と帝国意識 支配の深層を探る』ミネルヴァ書房，1998 年.
佐々木雄太『イギリス帝国とスエズ戦争 植民地主義・ナショナリズム・冷戦』名古屋大学出版会，1997 年.
パニコス・パナイー『近現代イギリス移民の歴史 寛容と排除に揺れた二〇〇年の歩み』浜井祐三子・溝上宏美訳，人文書院，2016 年.
リン・チュン『イギリスのニューレフト カルチュラル・スタディーズの源流』渡辺雅男訳，彩流社，1999 年.
Lawrence Black, *The Political Culture of the Left in Affluent Britain, 1951-64: Old Labour, New Britain?* (Palgrave Macmillan, 2003).
Lawrence Black and Hugh Pemberton (eds.), *An Affluent Society?: Britain's Post-War 'Golden Age' Revisited* (Ashgate, 2004).
Dominic Sandbrook, *Never Had It So Good: A History of Britain from Suez to the Beatles* (Little, Brown, 2005).
Mike Savage, *Identities and Social Change in Britain since 1940* (序章前掲).
Jim Tomlinson, *The Politics of Decline* (序章前掲).

第3章

ペリー・アンダーソン「現代イギリス危機の諸起源」『思想』米川伸一訳，498，501 号，1965-1966 年.
市橋秀夫「ニューカルチャーの誕生」井野瀬久美恵編『イギリス文化史』昭和堂，2010 年.
デービッド・エジャトン『戦争国家イギリス』(序章前掲).
パニコス・パナイー『近現代イギリス移民の歴史』(第 2 章前掲).

リン・チュン『イギリスのニューレフト』(第2章前掲).
Lawrence Black, *Redefining British Politics: Culture, Consumerism and Participation, 1954–70*(Palgrave Macmillan, 2010).
Lawrence Black and Hugh Pemberton(eds.), *An Affluent Society?* (第2章前掲).
Arthur Marwick, *The Sixties: Cultural Revolution in Britain, France, Italy and the United States, c.1958–c.1974*(Oxford University Press, 1998).
Dominic Sandbrook, *White Heat: A History of Britain in the Swinging Sixties*(Little, Brown, 2006).
Jim Tomlinson, *The Politics of Decline*(序章前掲).
Natalie Thomlinson, *Race, Ethnicity and the Women's Movement in England, 1968–1993*(Palgrave Macmillan, 2016).

British Library, Sisterhood and After, https://www.bl.uk/sisterhood

第4章

今井けい『現代イギリス女性運動史 ジェンダー平等と階級の平等』ドメス出版，2016年.
金子勝「労働党政権のジレンマとサッチャリズム サッチャー地方財政改革への道程」『社会科学研究』41-4号，1989年.
金子勝「労働党のオルタナティヴ喪失過程とサッチャリズムの成立」川上忠雄・増田寿男編『新保守主義の経済社会政策 レーガン，サッチャー，中曽根三政権の比較研究』法政大学出版局，1989年.
アンドルー・ギャンブル『イギリス衰退100年史』(序章前掲).
G.ステッドマン・ジョーンズ『階級という言語 イングランド労働者階級の政治社会史1832-1982年』長谷川貴彦訳，刀水書房，2010年.
デヴィッド・ハーヴェイ『新自由主義 その歴史的展開と現在』渡辺治監訳，作品社，2007年.
ディック・ヘブディジ『サブカルチャー スタイルの意味するもの』山口淑子訳，未来社，1986年.
Lawrence Black, Hugh Pemberton and Pat Thane(eds.), *Reassessing 1970s Britain*(Manchester University Press, 2013).
Stanley Cohen, *Folk Devils and Moral Panics: The Creation of the Mods and Rockers*(Mac Gibbon and Kee, 1972).
Niall Ferguson et al.(eds.), *The Shock of the Global: The 1970s in Pers-*

pective(Harvard University Press, 2011).
Tara Martin Lopez, *The Winter of Discontent: Myth, Memory and History* (Liverpool University Press, 2014).
Emily Robinson et al., "Telling Stories about Post-War Britain: Popular Individualism and the 'Crisis' of the 1970s", *Twentieth Century British History*, 28-2 (2017).
Jim Tomlinson, "De-industriazation Not Decline: A New Metanarrative of Post War Britain", *Twentieth Century British History*, 27-1(2016).
Alwyn W. Turner, *Crisis? What Crisis?: Britain in the 1970s*(Aurum Press, 2008).

第5章

梅川正美『サッチャーと英国政治』1-3巻，成文堂，1997-2008年.
小川晃一『サッチャー主義』木鐸社，2005年.
木畑洋一『支配の代償　英帝国の崩壊と「帝国意識」』東京大学出版会，1987年.
アンドルー・ギャンブル『自由経済と強い国家　サッチャリズムの政治学』小笠原欣幸訳，みすず書房，1990年.
マーガレット・サッチャー『サッチャー回顧録　ダウニング街の日々』上・下，石塚雅彦訳，日本経済新聞社，1996年.
森嶋通夫『サッチャー時代のイギリス　その政治，経済，教育』岩波新書，1989年.
Tim Bale(ed.), *Margaret Thatcher* (Critical Evaluations of Key Political Leaders), 4 vols.(Routledge, 2015).
David Cannadine, *Margaret Thatcher: A Life and Legacy*(Oxford University Press, 2017).
Eric J. Evans, *Thatcher and Thatcherism*(Routledge, 2013).
E. H. H. Green, *Ideologies of Conservatism: Conservative Political Ideas in the Twentieth Century* (Oxford University Press, 2004).
——, *Thatcher*(Hodder Arnold, 2006).
Stuart Hall and Martin Jacques(eds.), *The Politics of Thatcherism*(Lawrence & Wishart, 1983).
Ben Jackson and Robert Saunders(eds.), *Making Thatcher's Britain* (Cambridge University Press, 2012).
Bob Jessop et al., *Thatcherism: A Tale of Two Nations*(Polity Press, 1988).

Dennis Kavanagh, *Thatcherism and British Politics: the End of Consensus?* (Oxford University Press, 1990).
T. C. Smout(ed.), *Victorian Values*(British Academy, 1992).

第6章

リチャード・ウィルキンソン／ケイト・ピケット『平等社会 経済成長に代わる，次の目標』酒井泰介訳，東洋経済新報社，2010年.
梅川正美・阪野智一編著『ブレアのイラク戦争 イギリスの世界戦略』朝日選書，2004年.
河島伸子ほか編『イギリス映画と文化政策 ブレア政権以降のポリティカル・エコノミー』慶應義塾大学出版会，2012年.
吉瀬征輔『英国労働党　社会民主主義を越えて』窓社，1997年.
アンソニー・ギデンズ『第三の道 効率と公正の新たな同盟』佐和隆光訳，日本経済新聞社，1999年.
アンソニー・ギデンズ『第三の道とその批判』今枝法之・干川剛史訳，晃洋書房，2003年.
アンドルー・ギャンブル『資本主義の妖怪 金融危機と景気後退の政治学』小笠原欣幸訳，みすず書房，2009年.
小堀眞裕『サッチャリズムとブレア政治 コンセンサスの変容，規制国家の強まり，そして新しい左右軸』晃洋書房，2005年.
近藤康史『左派の挑戦 理論的刷新からニュー・レイバーへ』木鐸社，2001年.
近藤康史『個人の連帯 「第三の道」以後の社会民主主義』勁草書房，2008年.
アンソニー・セルドン編『ブレアのイギリス 1997-2007』土倉莞爾・廣川嘉裕監訳，関西大学出版会，2012年.
舟場正富『ブレアのイギリス 福祉のニューディールと新産業主義』PHP新書，1998年.
山口二郎『イギリスの政治 日本の政治』ちくま新書，1998年.
山口二郎『ブレア時代のイギリス』岩波新書，2005年.
Andrew Chadwick and Richard Heffernan(eds.), *The New Labour Reader*(Polity Press, 2003).
Oliver Daddow, *New Labour and the European Union: Blair and Brown's Logic of History*(Manchester University Press, 2011).
Florence Faucher-King and Patrick Le Galés, *The New Labour Experiment: Change and Reform under Blair and Brown*(Stanford University

Press, 2010).

第７章

今井貴子「分断された社会は乗り越えられるのか EU 離脱国民投票後のイギリス」『世界』886 号，2016 年.
アンソニー・ギデンズ『揺れる大欧州 未来への変革の時』脇阪紀行訳，岩波書店，2015 年.
近藤康史『分解するイギリス 民主主義モデルの漂流』ちくま新書，2017 年.
オーウェン・ジョーンズ『チャヴ 弱者を敵視する社会』依田卓巳訳，海と月社，2017 年.
オーウェン・ジョーンズ『エスタブリッシュメント 彼らはこうして富と権力を独占する』依田卓巳訳，海と月社，2018 年.
進藤兵「英国における社会的包摂と政治についての一考察 2015 年 5 月英国調査をふまえて」『三田学会雑誌』109-1 号，2016 年.
ブレイディみかこ『ヨーロッパ・コーリング 地べたからのポリティカル・レポート』岩波書店，2016 年.
ブレイディみかこ『子どもたちの階級闘争 ブロークン・ブリテンの無料託児所から』みすず書房，2017 年.
水島治郎編『保守の比較政治学 欧州・日本の保守政党とポピュリズム』岩波書店，2016 年.
水島治郎『ポピュリズムとは何か 民主主義の敵か，改革の希望か』中公新書，2016 年.
ポール・メイソン『ポストキャピタリズム 資本主義以後の世界』佐々とも訳，東洋経済新報社，2017 年.
Andrew Gamble, *Can the Welfare State Survive?* (Polity Press, 2016).
——, *Crisis without End?: The Unravelling of Western Prosperity* (Palgrave Macmillan, 2014).
Armine Ishkanian and Simon Szreter (eds.), *The Big Society Debate: A New Agenda for Social Welfare?* (Edward Elgar, 2012).